名人小时候的故事

# 自强不息的奋进

李树芬　谭海芳 / 主编

中国少年儿童新闻出版总社
中国少年儿童出版社
北　京

## 图书在版编目（CIP）数据

自强不息的奋进 / 李树芬，谭海芳主编． -- 北京：中国少年儿童出版社，2025.1. -- （名人小时候的故事）． -- ISBN 978-7-5148-9246-8

Ⅰ．K811-49

中国国家版本馆 CIP 数据核字第 2024VX4208 号

ZIQIANG BUXI DE FENJIN
（名人小时候的故事）

出版发行：中国少年儿童新闻出版总社
　　　　　中国少年儿童出版社

执行出版人：马兴民
责任出版人：缪　维

| 策划编辑：白雪静 | 主　编：李树芬　谭海芳 |
| --- | --- |
| 责任编辑：王天晗 | 绘：郝文广 |
| 版式设计：王点点 | 责任印务：厉　静 |
| 责任校对：田荷彩 | |

| 社　　址：北京市朝阳区建国门外大街丙 12 号 | 邮政编码：100022 |
| --- | --- |
| 编辑部：010-57526379 | 总编室：010-57526070 |
| 发行部：010-57526608 | 官方网址：www.ccppg.cn |
| 印　　刷：河北赛文印刷有限公司 | |
| 开　　本：720mm×1000mm　　1/16 | 印张：10.25 |
| 版　　次：2025 年 1 月第 1 版 | 印次：2025 年 1 月第 1 次印刷 |
| 字　　数：100 千字 | 印数：1—5000 册 |
| ISBN 978-7-5148-9246-8 | 定价：39.80 元 |

图书出版质量投诉电话：010-57526069　　电子邮箱：cbzlts@ccppg.com.cn

# 目录

名人小时候的故事

| | |
|---|---|
| 食粥苦读——范仲淹 | 1 |
| 逃离虎口的小"织女"——黄道婆 | 7 |
| 放牛娃的读书梦——王冕 | 14 |
| 贵公子的家庭"惨变"——曹雪芹 | 21 |
| 刻苦读书的小兵——冯玉祥 | 27 |
| 穷孩子的求学故事——李四光 | 33 |
| 苦难让我成长——张治中 | 40 |
| 在悲苦中奋进——徐悲鸿 | 46 |
| 嗜书如命的少年——朱自清 | 52 |
| 贫苦孩子当自强——彭德怀 | 59 |
| 辍学学生也能成才——华罗庚 | 66 |
| 书香熏陶出来的偏才——钱锺书 | 73 |
| 逆风也要飞舞——波义耳 | 79 |

我并不是真的笨——牛顿　　　　　　　86

心底的音乐梦——海顿　　　　　　　92

音乐伴我成长——贝多芬　　　　　　98

"文盲"的自学之路——斯蒂芬森　　　104

伴着苦难长大——舒伯特　　　　　　111

自强不息的幻想家——安徒生　　　　117

橱窗里的童工——狄更斯　　　　　　124

"混世小魔王"成长记——贝尔　　　　130

被命运推上舞台——卓别林　　　　　136

做有主见的人——撒切尔夫人　　　　142

青瓦台里的成长经历——朴槿惠　　　148

独立自信的"富二代"——彼得·巴菲特　154

# 食粥苦读
## ——范仲淹

中国人

政治家、军事家、文学家、教育家

出生地：河北真定府（今河北省石家庄市正定县）

生活年代：989年—1052年（北宋）

主要成就：为了富国强兵，推行"庆历新政"；代表作有散文《岳阳楼记》、词《渔家傲》等；千古佳句"先天下之忧而忧，后天下之乐而乐"流传后世

优点提炼：学习刻苦，甘于清贫，有自律意识

在我两岁那年，爸爸不幸生病去世了。家里缺了顶梁柱，妈妈想把我抚养长大就更不容易了。实在没有办法，妈妈只好带着我改嫁到山东邹平一户姓朱的人家。

我慢慢长大，到了上学的年龄。由于继父的家境也不是很好，妈

妈就把我送到附近长白山的醴（lǐ）泉寺寄宿读书。寺里的方丈很有学问。我白天和寺里的出家人一起干些杂活儿，空余时间和晚上就跟着方丈读书学习。每隔一段时间我回一次家，再回寺院的时候，妈妈都会给我带上一袋子粮食，交到寺院的厨房，让他们为我做饭。妈妈担心我吃不饱，总是想让我多带一点儿。可我每次都带得不多，因为我觉得这些已经足够了。

我读书很投入，只要一入迷，就听不见寺院里通知吃饭的敲钟声，常常忘记了吃饭。等我肚子饿了，再去厨房打饭，往往早就过了吃饭的时间。好心的师父见我读书这么刻苦，每次到了吃饭的时间就主动把饭给我送来。时间长了，我觉得非常过意不去，就在自己的房间里搭了一个锅灶，自己做饭吃。

为了保证既能吃上饭，又不耽误读书，我制订了一个计划。每天晚上我量好米，添好水，在小灶里点燃自己拾的木柴，开始煮米粥。我一边读书，一边往灶膛里续柴。等一锅米粥煮好了，时间也到了子夜时分。于是，我便合上书本睡觉。第二天清早起来，锅里的米粥早就凉透了，在锅底凝固成圆圆的一坨。我拿出小刀，在粥块上面划一个"十"字，这样一坨粥就分成了大小相同的四块。我一天吃两顿饭，早晨吃两块，傍晚吃两块。吃饭的时候，我把从野外摘来的野韭菜、野葱、野蒜等切成细碎末，加上一点儿盐拌一拌，就成了一碗咸菜。凉粥就着咸菜，一顿饭吃得也算有滋有味。尽管别人见了都说我过得太清贫，我却没觉得苦。因为，我的主要精力都放在读书上了，至于饭菜的味道，我从来没有在意过。

十三岁那年，我离开醴泉寺，独自一人到南京去求学，进入著名的应天府书院继续深造。应天府书院聚集了当时许多知识渊博的老师和来自各地的学生。在那里读书，既能得到名师的指点，又可以和同学们进行切磋，还有大量的书籍可供借阅。最关键的是，在这所书院读书是免费的。这种优惠条件，对于我这样的穷学生来说，真是求之不得呀！

入学以后，我还是保持着在醴泉寺养成的习惯，每天食粥苦读。同学中有很多人是官宦人家的公子和富人家的子弟，他们每天穿好的、吃好的，生活很富裕。但我一点儿也不羡慕他们。我知道，我来这里的目的不是攀比吃穿，而是来学知识求学问的。

有一天，我和同学们正在书房里读书，有人兴冲冲地跑来说："快去看看啊，皇上到咱们书院来巡视啦！"

同学们一听，都争先恐后地跑了出去，想看看皇帝到底长什么样。我像没听见一样，继续读书。一位同学见我没动静，一边往外跑一边催促道："你怎么还不去啊？去晚了，就看不到了！"

我还是没动。过了一会儿，同学们纷纷回来了，一个个兴高采烈，叽叽喳喳地谈论着刚才的盛况。那位同学又对我说："你没见到皇上的样子，太可惜了。"

我说:"现在,我的任务是读书,皇上将来再见也不迟。"

听了我的话,这位同学愣住了。第二天,他对我说:"晚上回家以后,我把你的话告诉我爸爸,我爸爸直夸你有志气呢!我爸爸还说了,让我向你学习。"

几天后,这位同学陪着他的爸爸一起到寝室里来看我,还给我带来了一些肉和饭,让我增加点儿营养。我一再推辞,可这位同学的爸爸执意留下。他们走了以后,我没有动肉和饭一筷子,仍旧每天煮粥,将剩粥划成四块,就着咸菜吃。

过了几天,这位同学来看我。他见送给我的肉和饭已经变馊了,

仍旧原封不动地放在那里，便很不高兴地说："我爸爸听说你的生活很清苦，才送些食物给你。你却一动也没动，这是什么道理？是不是嫌吃了肉和饭就玷污了你的品德？"

我说："你误会了。对于你爸爸的这份厚意，我非常感激。只是我已经习惯吃粥了。如果享受这些美味的食物，恐怕将来就过不惯吃粥的苦日子了。"

这位同学听了我的话，对我更加钦佩了。

 延伸阅读

## 范仲淹教子节俭

有一年秋天，范仲淹的儿子范纯仁准备举行婚礼。他知道父亲一贯节俭，最后决定只买一两件稍贵的物品。他把要购买的物品列出清单，壮着胆子交给父亲审看。

范仲淹接过清单一看，立刻板起面孔，大声说："你要买的这两件是贵重之物，难道我范家的家风要在你手中败坏不成？结婚自然是人生的大事，但它与节俭有什么矛盾？怎

么能借口人生大事就奢侈浪费呢？"

范纯仁听了，满面羞愧。他低下头，鼓起勇气对父亲说："范家节俭的家风，孩儿自幼熟知。购买奢华贵重的用品，孩儿也知不该。可是这些天来，新人想以罗绮做幔帐，孩儿知道这不合范家家风，并没有答应。没想到她父母又出面提出，孩儿碍于岳父岳母的情面，所以没敢再回绝。"

范仲淹大怒，指着范纯仁说道："你知错认错，我可以不再追究你的过错。但是，范家几十年来以节俭自守，以奢侈为耻。用罗绮做幔帐，岂不坏了我范家的家风？情面事小，家风事大。你可以告诉你的岳父岳母，如果他们再坚持以罗绮做幔帐，那我范仲淹就敢把它拿到院子里烧掉！"

由于范仲淹的坚持，范纯仁的婚礼最终办得十分简朴。

# 逃离虎口的小"织女"
## ——黄道婆

棉纺织家、纺织革新家

中国人

出生地：松江府乌泥泾（今上海市徐汇区华泾镇）

生活年代：约1245年—约1330年（宋末元初）

主要成就：传授先进的纺织技术，推广搅车、弹棉弓、纺车等先进的纺织工具

优点提炼：聪明，勤奋，无私

　　我的家乡盛产棉花，女孩子们从小就要学习纺纱织布。我也不例外，跟妈妈学会了一手织布的好手艺。

　　我的家境本来就很贫寒，不幸的是，在我十二岁那年，爸爸妈妈又先后得了重病。我把家里值钱的东西都变卖了，请医生给爸妈看病。

但爸爸还是因为医治无效很快就去世了。之后不到一年，妈妈也永远地离开了我。我成了一个无父无母的可怜孤儿。

家里早已穷得叮当响了，连盛殓妈妈的棺材都买不起。我只好卖身葬母，把自己卖到一户比较有钱的人家当童养媳。我的丈夫比我大好多岁，还是个残疾人，经常冲我乱发脾气。我的婆婆是个有名的母夜叉，安排了许多活儿让我干。她对我稍有不满意，张口就骂，抬手就打。我就像一个高速旋转的陀螺，每天天不亮就起来砍柴做饭；等婆婆一家人吃饱喝足之后我再下地种田，天黑以后才能回家；全家人睡觉以后我还要织布，一直到深夜才能睡觉。即使我这样日夜劳作，吃不饱，穿不暖，还是不能令婆婆满意。

这样的生活使我备受煎熬，唯一能让我感到快乐的就是织布。我喜欢织布，手艺也不错。可是我并不满足，每天都要挤出时间一边完成婆婆安排的织布任务，一边细心揣摩纺织技术。没过多久，我就熟练掌握了全部工序，剥棉籽、弹棉絮、卷棉条、纺棉纱、织棉布……我只有坐在织布机旁，才感到有一种难以形容的快乐。

我渐渐长大了，痛苦的日子不仅没有结束，婆婆和丈夫对我的虐待反而变本加厉起来。有一次，我得了重病，在柴房的草堆上躺了三天才有所好转。我的身体还没有完全恢复，浑身酸软无力，婆婆就把我吼起来，逼着我到地里去干活儿。我好不容易把地里的活儿干完，拖着灌了铅似的双腿回到家。我刚想坐下吃晚饭，婆婆一巴掌扇过来，打得我眼冒金星。

婆婆叉着腰,冲我骂道:"你这个懒鬼,不干活儿就知道吃饭!"

我捂着火辣辣的脸颊,小声说:"活儿已经干完了。"

婆婆又一巴掌扇过来,骂道:"你还敢犟嘴?我问你,今天的布你织完了吗?"

我哀求道:"婆婆,您先让我吃点儿饭吧,吃完饭我就去织布。"

婆婆的心比铁还硬,恶狠狠地说:"不行!不织完布不许吃饭!"

我把求救的目光投向丈夫,盼着他能替我说句好话。没想到他也冲我吼道:"看什么看?娘的话你没听见吗?还不赶紧织布去!"

我眼含泪花,强打精神,忍着饥饿来到机房,坐到织布机旁,织起布来。因为病还没有完全好,又饿着肚子干了一天活儿,所以我浑身无力,刚织了一会儿就腰酸背疼,眼冒金星,手里的动作不知不觉慢了下来。

婆婆听见织布的声音慢了,气急败坏地抄起一根擀面杖,冲到我的背后,照着我的肩膀就是狠狠一棍。我疼得哎哟一声,回头一看,又一棍狠狠地落到我的后背上。

婆婆举着擀面杖,骂道:"这么长时间才织了这么一点儿布,真是懒鬼!叫你懒!叫你懒!"说着,擀面杖便不停地打到我身上。

我疼得大声哭喊,却招来婆婆更加凶狠的毒打。丈夫在一旁不仅不劝,还帮着婆婆骂我,甚至和婆婆一起打我。他们打着打着,我的喊叫声越来越弱，最后昏倒在地，不省人事了。

不知道过了多长时间，我渐渐苏醒过来，却见周围黑乎乎一片。我动了动身子，马上感到全身钻心似的疼。我摸了摸身子底下，摸到的是一把稻草。原来，我昏迷以后，被婆婆和丈夫扔到柴房里了。

我望着黑漆漆的屋顶，眼泪止不住哗哗地流下来。父母早早地过世了，婆婆对我又这么凶，这世上连个疼爱我的人都没有，我真是命苦啊！照这样下去，我在这个家里即使累不死，饿不死，也会被活活打死的。与其在这里受他们的折磨，还不如趁早逃离虎口，到外面漂泊呢！

想到这里，我横下一条心，挣扎着爬起来。我踩着梯子，在柴房的屋顶上掏出一个窟窿，逃了出去。我害怕被婆婆和丈夫追上，就拼命向前跑。跑着跑着，我竟然跑到了江边。怎么办？往回跑，肯定会被抓回去；不往回跑，难道跳江寻死吗？我正左右为难呢，远处响起了一阵乱糟糟的声音。我仔细一听，是婆婆和丈夫领着一群人追上来了。我急忙顺着江边跌跌撞撞地往前跑，看到一艘商船停在江边，就钻进船里躲了起来。

船主老大爷正要开船，见一个衣衫褴褛、满脸泪痕的少女上了船，非常吃惊，忙问是怎么回事。我哭着把自己的遭遇跟老大爷简短一说，老大爷很同情我，迅速开船离岸，将追我的那些人撇在了江边。我终于逃离了苦海，从此开始了新的生活。

延伸阅读

## 黄道婆在崖州的日子

黄道婆只身漂泊到崖州（今海南岛），住在了一个黎族老大妈家里。

黎族妇女的纺织技术和工具都比她家乡的先进，心灵手巧的黄道婆很快就掌握了黎族的纺织技术和工艺，织出的花布色彩鲜艳，上面有各种奇花异草、飞禽走兽，做成筒裙、被面特别好看。村里人看了无不赞叹，于是她的名气很快就传遍了四方。

有一天，一个外地商人闯进她的住处，蛮横地提出要出高价收购她的纺织精品，还说是要作为贡品献给皇帝。

黄道婆见来者不善，婉言谢绝道："我织布自己穿还不够呢，哪有多余的东西出售？"

商人威胁说："即使你自己没有穿的，也必须织出来献给皇帝！不然的话，你担当得起罪责吗？"

黄道婆毫不客气地回答说："你们有钱人，以为出了钱就什么事情都能办得到吗？你想献贡品讨好皇帝，那就自己去织吧！"

黎族老大妈也在一旁帮她说话，那个商人只好灰溜溜地走了。

　　黄道婆在崖州生活了三十多年，回到家乡后，她把从黎族人那里学来的纺织技术传授给乡亲们，又大胆改革纺织技术和工具。在她的带动下，松江府的棉纺织技术和工具有了很大的改进和提高，她的家乡逐渐成为全国棉纺织业的中心。

# 放牛娃的读书梦
## ——王冕

出生地：浙江诸暨（jì，今浙江省诸暨市）

画家、诗人、书法家

中国人

生活年代：1287年—1359年（元末明初）

主要成就：擅长绘画，代表作有《伤亭户》《江南妇》《对景吟》《吴姬曲》《墨梅》等

优点提炼：勤奋，好学

　　我叫王冕，出生于一个普通的农民家庭。因为家里穷困，所以没有多余的钱支持我上学读书，我从小就得帮别人家放牛，补贴家用。

　　但我十分喜欢读书，即使条件艰苦，也不想因为贫穷放弃读书的梦想，总想着抓住一切机会，让自己尽量多学些知识。有一天，我去放牛的路上，听到从一所学堂里传来琅琅的读书声，马上就被吸引住了。我想：我何不把牛拴在山坡上吃草，自己趁着这个时间到学堂旁边听课呢？

于是，我把牛牵到山坡上，找了一块儿青草多的地方把牛拴住，然后拍拍牛背，说："你就乖乖地待在这儿吃草吧！我去学堂听一会儿课，放学后马上就来接你。"

牛哞哞地叫了几声来回应我。看着牛很配合的样子，我就安心地去听课了。

听了一天的课，我收获颇多，还学到了很多不会写的字。放牛回家后，我把新学来的字用树枝在地上写了又写，练了又练。第一天偷学的新鲜感让我对接下来的学习充满期待。我下定决心，以后就这样一边放牛，一边去学堂偷偷旁听。

经过一段时间的学习，我不仅学会了很多字，还学到了一些课文。但这件事情我一直都是偷偷地在做，连父母都没有告诉。我担心他们不会赞同我的做法，说不定还免不了一顿责罚。于是，我打算瞒着父母，一直这样坚持下去。

可是事与愿违。有一天听完课之后，我兴高采烈地跑到山坡上，却不见了牛的踪影，地上只剩下一截被扯断的绳子。我心想：肯定是牛吃完了身边这片草，自己待着没意思，就扯断绳子去别处玩了。这可把我急坏了！

我顾不上去想把牛弄丢的后果，心中只有一个念头，就是一定要找到牛。我翻过几座山头，认真地找呀找，从傍晚找到晚上，终于找到了走丢的牛，心里悬着的那块大石头这才落地了。

我趁着夜色，牵着牛往回走，远远地看到父亲和母亲站在村口翘首企盼。他们看到我比平时回家晚了许多，以为我是贪玩忘了回家，就生气地责骂了我一顿。

我以为这场虚惊终于可以过去了，谁知第二天一大早，邻居就骂骂咧咧地找上门来，说我没照看好牛，牛吃掉了他家很多的麦苗。

面对邻居的控诉，父亲更加认为是我贪玩失职。他从篱笆上抽下一根藤条就要揍我："看你以后还敢不敢贪玩！"

看着父亲生气的样子，我有些害怕，只好把事情的真相说了出来："爹，我不是贪玩，是去学堂听课了。"

"去学堂听课？你还想骗我！"父亲根本就不听我解释，厉声训斥道。

"我真的是去学堂听课了。不信的话，我把学到的课文背给您听！"看来不拿出点儿证据来，父亲不会轻易相信我。我慌乱中想出了这个办法，不等他点头答应，就大声背诵起来。

听到我流利地背诵着课文，父亲终于扔下了手中的藤条，眼中闪烁着晶莹的泪光，泪水直在眼眶里打转。他抱着我，心疼地说："好

孩子,爹错怪你了!"

经过这件事,父亲和母亲看到了我对知识的渴望,也看到了我想要读书的决心。他们商量着,要给我换一份更有空闲的"工作",好让我腾出时间多多学习。

没多久,父亲就给我找了份好差事——去庙里打杂。庙里很安静,晚上还有油灯照明,正是一个读书的好去处。不过那样的话,我就必须离开家去寺庙生活了。我当时还不到七岁,想到要离开家,离开父母,心中不免有点儿想打退堂鼓。但转念一想,我从此就可以安心读书了,这是多么难得的机会呀！于是，我咬咬牙答应了。

来到庙里，我每天都早早地起床，把庙前庙后都打扫干净。我想：早点儿把事情做完，就能多争取点儿时间学习了。这一切都被庙里的住持看在眼里，他非常喜欢我，每个月除了发我工钱，还会给我一些额外的零花钱。我就把这些钱都攒起来买书。

每次拿到新书，我都如获至宝，紧紧抱着不愿松手。一到晚上，把所有事情都做完后，我就会抱着书坐在佛像前，就着长明灯下微弱的光看书。

一天晚上，我正在佛像前读书。忽然狂风大作，电闪雷鸣，风冷飕飕地吹进来，吹得庙门咯吱作响，悬挂在横梁上的油灯也随着左右摇晃。我抬头一看，灯火摇曳下的佛像一脸狰狞，好像是一只怪兽张着大嘴正要朝我扑过来。我吓得心里一慌，扔下书便夺门而逃。可我没跑出几步，就想起心爱的书还在里面呢，可不能丢下书不管。于是，我深吸几口气，壮着胆子往佛堂走去。这一次再看，佛像恢复了之前的神情，一点儿都不可怕了。看来，我是自己在吓自己啊！我故作轻松地朝佛像挥挥手，笑着说："你们都是泥土做的，我才不会怕你们呢！"

想起今天要学的内容还没看完，我心中的恐惧消除了一大半，随后又坐在佛像前，聚精会神地看起书来。

**延伸阅读**

## 王冕画荷花

　　王冕不仅是个诗人，还是个著名的画家，最擅长画荷花。很多人都慕名而来，向他求画。可王冕为什么最擅长画荷花呢？这里可是有一个故事呢！

　　有一次，王冕在湖边放牛的时候，忽然下起雨来。雨水冲洗掉荷叶上的尘埃，像是在为它们洁身沐浴。雨过天晴后，干净、清爽的荷花在阳光的照耀下显得美极了。王冕见了十

分喜欢。于是，他用身上仅有的一点儿零钱买来了纸和画笔，把眼前的美景画了下来。

刚开始时，王冕画的荷花一点儿都不好看，还遭到了别人的嘲笑。但王冕没有放弃，心想：荷花是自己看得最多的花卉，这么美丽娇艳的花卉，如果连它都画不好，那以后还怎么去画别的东西呢？

这样一想，王冕就跟荷花较上了劲，不把它画好绝不罢休。他就这样坚持一直画下去，直到画得跟真的荷花一样。这时，周围的人也改变了对他的看法，竞相前来购买他画的荷花。到后来，王冕闭着眼睛都能把荷花画好。于是，他的名声也就越来越大了。

# 贵公子的家庭"惨变"
## ——曹雪芹

出生地：江宁（今江苏省南京市）

生活年代：1715年—1763年（清）

主要成就：创作了四大名著之一——《红楼梦》，这是我国古典小说艺术成就的巅峰

优点提炼：自强不息，胆大心细

小说家　　中国人

我出生在繁华热闹的南京。

在当时，我家算得上是一个显赫的家族。我的祖先为清朝立下了汗马功劳，再加上我的曾祖母，也就是我爸爸的奶奶，当过康熙皇帝的奶妈，所以康熙皇帝对我家特别照顾。他让我的曾祖父，也就是我

爸爸的爷爷，到南京做了江宁织造，并且可以世袭，一代接一代地做下去。你问江宁织造是干什么的？就是专门给皇宫供应衣物和各种纺织品的。康熙皇帝特别信任我们曹家，不光把这么重要的差事交给我们，还让我家负责收集江南地区的各种情报，不管大事小情，从地方官员的言行，到柴米油盐的价格，甚至到民间流传的笑话，都可以直接向皇帝写密信。

康熙皇帝曾经六次南巡，有四次住在我家。这对于我家来说，真是天大的荣耀啊！

从我曾祖父开始，到我的爷爷，再到我的伯父和我爸爸，一共是祖孙三代四个人担任过江宁织造，差不多有六十年的时间。把我家称作南京的名门望族，一点儿也不夸张。

自从我一出生，命运就被安排好了——长大以后接爸爸的班，担任江宁织造。我是全家人的宝贝疙瘩，简直就是捧在手里怕摔了，含在嘴里怕化了。光是专门伺候我铺床叠被、穿衣吃饭、游玩消遣的丫鬟、仆人，就有一个"加强连"。爸爸虽然在生活上宠爱我，但在教育方面却非常严格，指望我好好读书，长大以后考个状元、榜眼什么的，好光宗耀祖。

四岁那年，爸爸开始请老师教我认字。我再长大一点儿，老师就教我读"四书""五经"，学写八股文。可是我最讨厌这些空洞死板的八股文章，经常上课开小差，偷看一些杂书，比如诗词歌赋、小说

话本、养花美食等方面的书。这些"闲书"比那些所谓的正经书有意思多了。

爸爸对我这种不务正业的行为非常生气,经常没收我的书。有一次,我躲在花园里偷偷看《西厢记》,被爸爸发现了。这种书当时是禁止流传的。结果不仅书被爸爸撕了,我还被他打了一顿。就在这时,有个大官来拜访爸爸。爸爸让我去给那个大官行礼。可我看不惯大官那副嬉皮笑脸的奴才样,就没给他好脸色。爸爸很尴尬,等大官走了以后,他竟然结结实实地用板子揍了我一顿,说我丢了他的脸。

康熙皇帝死后,雍正皇帝即位。这天,我无意中来到客厅,见爸爸正坐在那里唉声叹气,好像丢了魂似的。爸爸这是怎么啦?在我的印象当中，他除了对我声色俱厉之外，从来都是很有风度、很有涵养的呀！

我问："爸爸，发生了什么事？"

爸爸深深地叹了一口气，说："皇上即位以后，对咱们曹家不像先帝那么好了，咱们家以后可能不会像以前那么风光啦！"

原来，由于我家长期过着富贵奢华的生活，钱不够用就挪用公款，亏空越来越大，竟然欠了朝廷十多万两库银。雍正皇帝命令爸爸在三年之内必须如数补齐，不然的话就重重治罪。

我劝爸爸："以后咱家节俭过日子，到时候把亏空的钱补上，不就没事了吗？"

爸爸哭丧着脸说："你还小，你不懂啊！皇帝不再信任咱们，咱们曹家就离祸事不远了。"

不久，这话还真的应验了。亏空的钱还没有凑够，爸爸的差事又办砸了，不是上交的绸缎不合格，就是皇帝的龙袍褪色了。爸爸整天提心吊胆，再也没有心思过问我读书的事了。

一天上午，我正在和一群丫鬟、仆人玩捉迷藏，一个仆人急火火地跑来，叫我赶紧到客厅去。我不知道发生了什么事，忙跑到客厅一看，只见爸爸跪在地上，头上的顶戴花翎已经被摘去了，正听一个趾高气扬的人宣读圣旨呢。原来，雍正皇帝下令，把爸爸革职了，并且还要查抄曹府。

家产被抄没，爸爸被下狱治罪，我们曹家一下子变得一无所有了。一年后，爸爸出狱，我们全家也搬到了北京，但从此一蹶不振。

经历这场家庭惨变之后，我从一个享尽荣华富贵的公子哥儿，一下子沦落为一个吃不饱、穿不暖的穷小子，真像是一场梦啊！

但是，这是梦吗？不是，这是明明白白的现实啊！从此，我心灰意冷，对枯燥的"四书""五经"和八股文更讨厌了。

## 曹雪芹捉鬼

曹雪芹刚搬到北京香山正白旗村居住不久，就听说村子里闹鬼。全村的人都提心吊胆，生怕恶鬼半夜敲自家的门。曹雪芹心想：都说这世上有鬼神，可谁也没亲眼见过。这一回我要弄个究竟，看看这个鬼到底长成什么样子。

这天晚上，他手拿一根长木棍，独自一个人藏到村外的老柳树下。好不容易熬到三更时分，他看见村子西边的小道上出现一个白影，鬼鬼祟祟地朝村子走来。曹雪芹仔细察看，只见那个鬼头戴一顶大白帽，遮着脸，穿着白衣白裤，光着脚，不言不语。它走到一户人家的门口，敲了三下门，接着发出一声怪叫，然后又朝另一户人家走去。

曹雪芹壮着胆子轻手轻脚地跟在这个鬼的后面。借着明晃晃的月光，他越看这个鬼越觉得像人，于是鼓足勇气，举起木棍，高声喊道："呔！你是人是鬼？"

这个鬼一听有人喝问，怪叫一声，拔腿就跑。曹雪芹从对方逃跑的姿势来看，断定这鬼肯定是一个人装扮的。

又过了几天的一个晚上，曹雪芹写《红楼梦》写到后半夜，头昏眼花，想到外面透透气。他刚一出门，就看见那个鬼又进村了。他悄悄叫醒对门住着的两个年轻人，拿上绳子和木棒，没费多大气力就把鬼抓住了。曹雪芹一把摘下他的白帽子，仔细一看，是个三十多岁的汉子。

原来，这鬼是邻村的一个懒汉，想扮成鬼吓唬人，骗乡亲们上庙进贡，自己好蒙点儿吃喝。天亮以后，等到乡亲们弄明白了闹鬼的真相，都非常感谢曹雪芹。

# 刻苦读书的小兵——冯玉祥

军事家、爱国民主人士

中国人

出生地：直隶青县（今河北省沧州市）

生活年代：1882年—1948年

主要成就：辛亥革命后起义反清，发动北京政变，驱逐末代皇帝溥仪；五原誓师北伐；组织民众抗日同盟军等

优点提炼：努力勤奋，谦虚认真

我叫冯玉祥，出生在一个军人家庭，但我的父亲只是军营中的一名普通士兵。因为当时时局动荡，家里又没钱送我读书，我只能每天趴在私塾的门边偷偷张望，羡慕那些跟着老师念书的同龄孩子。

后来，父亲的一个朋友观察了我这些"小动作"许久，发现我很想读书，便让我顶替他的孩子去私塾读了一年零三个月的书。

终于有了上学的机会，那是我童年最快乐的时光。我每天早早起床，收拾好书本，第一个到达私塾，从不需要母亲催促；下课了，还磨磨蹭蹭不想走，只想让老师多教我一点儿知识。也正是这短短一年零三个月的读书生活，让我对学习燃起了无比的渴望。

为了挣点儿钱补贴家用，我十二岁就跟着父亲进入军营，成为一名小小的士兵。军营的生活非常艰苦，每天天不亮就要起来集合，然后进行各种操练。晚上很晚才能休息，半夜随时都会被长官叫起来进行突击检查。虽然我年纪小，但是就算每天累得腰酸背痛，也咬着牙坚持了下来。

在这样艰苦的环境中，我还是一心想着要读书。甚至有好几次做梦，我都梦到回到了私塾，还和同学们一起大声朗诵书本上的内容。于是，我求父亲为我收集了一些别人不要的书本，把它们当作宝贝一样偷偷地收藏起来。

一旦训练结束，我便顾不上疲劳，抓紧一切时间自学。可军营里能认全几个字的人都很少，更谈不上找一两个有学问的人。遇到不懂的问题，我只能一遍遍查阅捡来的一本破字典，或者趁着放假的时候偷偷溜去私塾外面偷听老师讲课。老师撞见了我几次，觉得我对学习实在用心，便答应只要我有时间过来，他就指导我学习。这可把我高兴得几个晚上都睡不着觉，铆足了劲儿把以前不懂的问题再一个个找

出来去请教老师。

　　白天的时间特别少,我基本上只能在晚上看书。为了不影响别人的休息,我想过很多办法。最后,我找到了一只大木箱子,在木箱子上面用锯子锯出了一个洞,正好可以把我的脑袋伸进去。

　　这样的话,晚上一有时间,我就可以在箱子里点上油灯,把书放进去之后,再把头伸进箱子里去读书。书中的内容让我着了迷,常常一读就是几小时,顾不上眼睛熬得通红,脸庞更是被油灯熏得发黑。有一次,我晚上看书太入迷,忘记了洗脸。第二天清早起来集合训练,我顶着一张被熏黑的脸站在队伍中。战友们和长官看到之后,都哈哈大笑起来。他们嘲笑我读书把自己读傻了，明明只是一个普通士兵，却还想着每天看那些没用的书，学了也是白学。

我不理会他们的嘲讽，拖着沉重的脚步去洗脸。水流冲洗着我的脸庞，也冲刷着我的大脑。是啊，我也在心中问自己，我这样坚持读书究竟有没有意义？

这时，一双大手按在我的肩膀上。我抬头看到了父亲关切的眼神。父亲拉着我坐下来，搂着我的肩膀告诉我：家里穷不能送我去读书是他这辈子最大的遗憾；但是只要我喜欢读书，就应该坚持去读，不要在乎别人的看法；别人之所以嘲讽我，是因为他们不懂读书的乐趣，不懂我的志向；书本中的知识将会是我以后最强大的力量……

看着父亲鼓励的眼神，我认真地点了点头。战友们并没有停止对我的嘲笑，常常讥讽我是"瞎子点灯白费蜡""癞蛤蟆想吃天鹅肉"，白白浪费时间和精力。我对这些冷言冷语毫不理会，照样埋头苦学，甚至更加严厉地要求自己。凡是我读过的书籍和文章，我都要求自己背诵下来，甚至是默写出来，还要能准确地讲出每段每句的意思。

就这样日复一日，年复一年，我孜孜不倦地汲取着书本中的知识。也正是利用这些知识，我日后的军旅生涯才能想出无数出奇制胜的好计谋。

## 延伸阅读

# 语言的妙用

冯玉祥是一个风趣幽默的人，他总会凭借自己的智慧，巧妙化解生活中的一些问题。

有一次，他发现军队中有人铺张浪费，动不动就大肆挥霍，劳民伤财；接着他又发现还有的人不守会议时间，开会时经常缺席、迟到。冯玉祥看不过去，就自己编了一副对联送给这样的人：一桌子点心，半桌子水果，哪知民间疾苦；两点钟开会，

四点钟到齐，岂是革命精神。

当年跟随冯玉祥打仗的有个外国顾问，总喜欢缠着冯玉祥问这问那，经常还不看时间地点。冯玉祥忍无可忍，干脆对他说："顾问先生，你知道在我们中国，'顾问'是什么意思吗？"

这位外国顾问摇摇头表示不知道。

冯玉祥微微一笑，说："'顾'是看的意思，'问'是问话的意思。所谓'顾问'，就是当我看着你，有话问你的时候，你再答复就是了。"

外国顾问听懂之后，知趣地闭上嘴巴不再胡乱问话了。

# 穷孩子的求学故事
## ——李四光

科学家、地质学家、教育家、社会活动家

中国人

出生地：湖北省黄冈市

生活年代：1889年—1971年

主要成就：创立了地质力学理论，为中国石油的勘探和开发、原子弹和氢弹的研制做出了巨大贡献

优点提炼：勤奋好学，理想远大

我爸爸是农村的一位穷教书先生。我出生之后，爸爸给我起了个名字叫李仲揆（kuí）。

六岁那年，爸爸把我送到一个名叫陈二爹的老先生那里，学习一些基础功课。我学习很用功，经常受到陈老先生的夸奖。十二三岁的时候，

爸爸见我长大了，就让我到他的书馆去读书。在爸爸的书馆里，我的学习成绩也是顶呱呱的。

一天，我听同学说，湖广总督张之洞在武昌办官费学堂，学得好的学生能出洋留学。我很想去试试，于是把这个想法跟爸爸一说，他也表示完全支持。

"怎么？你要到武昌去考学？咱家哪有钱啊？"妈妈听了我的想法，又吃惊又为难地说。

我说："妈妈，那是官费学堂，不收学费，也不收饭费。"

"傻孩子，学堂不收费，难道连去武昌的盘缠钱也不要吗？这笔钱怎么出？"妈妈哭笑不得。

我一听也犯了愁，但仍不死心。我想了一会儿，说："我去找陈老师借一点儿，看看老先生有没有。"

陈老先生听了我的想法，二话不说，就把钱借给了我。

临走那天晚上，妈妈再三叮嘱我说："孩子，你这么小，自己一个人去武昌求学，要自己照顾好自己啊！还要尊敬老师，团结同学，好好读书。"我点头答应着。

第二天，我告别了父母，背着一个小包袱，夹着一把旧雨伞，一个人上路了。到了武昌，我好不容易才打听到学堂的地址。我怯生生地走进去办理报考手续，用身上仅有的钱买了一张报名表填写起来。我既紧张又兴奋，脑子一阵发蒙，也不知道是怎么搞的，在姓名一栏里写下的不是"李仲揆"，却是"十四"两个字。

等我清醒过来的时候，才意识到这是个实在不该犯的错误。怎么办？重新买一张报名表吗？已经没钱了。我把"十"字改成"李"字，可"四"字没法儿改。就叫"李四"吗？多不好听啊！我可不愿意自己叫这样一个名字。

有没有补救的办法呢？我一会儿低头沉思，一会儿又抬起头来环顾四周。只见学堂的大厅正中挂着一块横匾，上面写着"光被四表"几个大字。我脑子一转，提起笔在"四"字的后面加上一个"光"字。

"李四光！"我念叨着自己给自己起的这个新名字，高兴极了。四光，四光，四面发光，四面光明，光照四方，多么响亮的名字啊！从那以后，我就正式叫李四光了。

在接下来的入学考试中，我取得了第一名。主考官见我是个从农村出来的穷孩子，不太愿意录取我。多亏有位张先生爱惜我是个人才，极力向主考官保荐，我这才被录取，正式成了南路高等小学堂里的一名学生。

当时湖广总督张之洞规定，凡在官费高等小学堂读书的学生，只要是考试名列前茅的优等生，都可以保送出国留学。第一名去美国，第二名去英国，第三名去日本。虽然我几次考试都是第一名，但每次保送出国留学的名单上，我都榜上无名。

我感到很疑惑，就去请教当初极力保荐我入学的张先生，这到底是怎么回事。张先生说:"那些送出去留学的学生,哪一个不是家里有钱有势?你爸爸只是一个教书先生,穷得叮当响,留学的好事哪能轮得上你呢?"

我一听,非常气愤:"这不公平!他们不派我去,我就自己去。"

当时我还是个十几岁的孩子,不知道世事艰辛。我不辞而别,离开学校,搭便船去了上海,想自己到日本去留学。但这是不可能的事,最后我只好从上海又回到了小学堂。

学堂的督学见我这么大胆,威胁要开除我,还要追回我在学堂里所花的一切费用。

我不服气，理直气壮地反驳说："学堂有规定，成绩优秀的学生可以保送出国留学。我每次考试都得第一名，为什么留学的名单上没有我？你们说话不算数，怎么能让我信服呢？"

督学无言以对。这时，张先生说："李四光也是求学心切，这次就不要追究了吧。如果下次考试他还考第一，就送他出国留学。如果没有考第一，就把他开除。这样行不行？"

督学答应了。我暗下决心，下次考试一定考第一。等考试成绩出来，我果然又是第一名。

这回督学再也没有借口阻挠我出国留学了。按照我的学习成绩，本来应该保送到美国，可他还是刁难了我一下，安排我到日本留学。日本就日本吧，只要能出国深造，学习富国强民的先进技术，到哪儿留学都一样。

不久之后，我怀揣着美好的理想和伟大的抱负，登上了开往日本的轮船……

延伸阅读

## 石头的魅力

李四光最喜欢研究石头。不管他走到哪里，看到石头，就用小锤子敲一敲，举起放大镜看一看，简直着了迷。他每天忙着研究石头，都没时间带宝贝女儿玲玲出去玩。因为这个，玲玲没少生爸爸的气。

一个星期天，李四光对玲玲说："今天我不想那些石头了。我和妈妈带你到郊外去玩一天，好不好？"

玲玲高兴极了。他们到了郊外，玩起了捉迷藏的游戏。玲玲藏到草丛里，爸爸一找就找到了。李四光藏在田埂边，玲玲也很快就找到了。他们藏啊，找啊，找啊，藏啊，玩得真高兴。

很快又轮到玲玲藏了。她藏在一棵大树后面，等爸爸来找。可等了好长时间，爸爸也没来找她。玲玲等急了，高声喊道："爸爸，我藏在这儿呢！你快来找我呀！"爸爸还是没有回答她。

玲玲只好从藏身的地方走出来，问正在花丛里采花的妈妈。妈妈也不知道爸爸到哪里去了，就带着玲玲一起去找。她们找来找去，玲玲忽然发现前面有个人蹲在地上，正是爸爸！

玲玲跑过去一看，只见爸爸举着放大镜，又在聚精会神地观察一块块石头呢！

# 苦难让我成长
## ——张治中

政治家、军事家

中国人

出生地：安徽省巢湖市

生活年代：1890年—1969年

主要成就：1949年作为国民党政府代表团首席代表，赴北京与周恩来为首的中央代表团和平谈判，后宣布脱离国民党阵营，促成新疆和平解放。新中国成立后，担任中国国民党革命委员会领导人

优点提炼：不怕吃苦，努力拼搏

我叫张治中，出生于合肥巢湖一个贫困的家庭。虽然家境并不富裕，但开明的父母在我六岁时就送我入私塾学习，开启了我十年的读书生涯。

有一年，我拜大伯舅洪子远先生为师。他可是大家想象不到的严厉。他教书有自己的一套方法：从难的教起，先教《诗经》《书经》《易经》，然后再教相对容易的"四书"。背书的方式也十分"另类",要求大家整本整本地背。这还不算什么,更奇特的是,他要求我们把《论语》《大学》《中庸》的上下部和朱熹的批注一起背。

洪老师手中总拿着一块厚厚的板子:背书的时候,如果谁稍微偷一下懒,无情的板子就会落到他头上。

我在同学们中算是悟性和记忆力比较强的人,但也得下一番苦功才能应付得过来。想想别的小伙伴,背不出来就要挨板子,真是有苦难言、欲哭无泪了。

洪老师对我的期望很高,比对别人更严厉。我经常留在学校到深夜都不能回家。十岁的我,虽然也算是个小小的男子汉,但在母亲看来总还是个小孩子。看我迟迟不回家,她就会为我担心,到学校来陪着我。有好几次我走出教室门时,看到母亲正在窗户边张望。她看到我受罚,会心疼地拉着我的手流泪。

还有一次,我被罚不能吃饭,可肚子里早就"咕噜咕噜"地闹腾开了。此时的我简直是度日如年,分秒难熬。后来,母亲知道我受到了处罚,就偷偷买了两个粑粑给我吃。拿着母亲送来的粑粑,我的委屈情绪便倾泻而出,抱着母亲哇哇大哭起来。

等到后来长大了一点儿,我转入另一家私塾读书,每天住在私塾里。我和同学们一起洗米煮饭,但菜是各吃各的。有一位同学是本村的有钱人,餐餐都有肉吃。另一个同学是外村寡妇的儿子,家里也经常会送好菜来。但我因为家境贫困，每顿只能吃点儿小菜。而且我的父母那时都外出挣钱去了，平时只有爷爷住在家里。我看到别人都有好吃的，总会有点儿嘴馋。

有一次，我实在忍不住了，就跟厨子说："你跟我爷爷要点儿肉来给我吃吧！"

虽然我心中并没有多大的把握，但总还是有点儿小小的期待。可等到厨子回来时，却没有带肉回来，带回的是爷爷的一句让我听了难过不已的话："肉吗？哪里有！除非从我身上割下来。"

这句话就像是要割我身上的肉一样，让我懊悔不已。家里那么穷，哪会有肉呢？我为自己的冒失和不懂事深感惭愧。

后来，我全身长满了疥疮。有人看到我这种情况，好心地对我母亲说："我有个好方子！"

母亲眼睛一亮，激动地问："什么好方子啊？"

"猪油蒸红枣可以健脾，也可以治好疥疮。"

母亲的眼神顿时暗淡了下去，讪讪地说："我们连饭都吃不饱，哪有钱吃猪油蒸红枣？"

不仅吃的东西成问题，我住得也十分寒碜。我寄宿在私塾里的时候，床很破旧，就靠几块木板垫着稻草，再铺一床烂棉絮。冬天从晚上睡到早上，脚都是冰冷的。夏天只有一顶千疮百孔的蚊帐，根本就不能隔绝蚊子。但经过一天辛苦的脑力劳动后，我仍然得去这个安身之地

寻求休息。

有一次，我实在太累了，也顾不上蚊子肆虐，钻进蚊帐很快就进入了梦乡。奇怪的是我那天并没有感受到蚊子的骚扰。后来，我醒了过来，才发现老师拿着扇子正在替我赶蚊子，顿时，一股感激之情从心底涌了上来。

虽然我家里条件艰苦，也在私塾吃了点儿"苦头"，但正是这些或大或小的事情，磨砺着我的意志，锻炼着我的品格，让我更坚定了在艰苦的环境中奋力拼搏的信念。

**延伸阅读**

## 张治中与新中国的国名

中国是"中华人民共和国"的简称。但这个国名的由来却跟张治中有着一定的渊源,背后的故事大家可就不一定都知道了。

直接叫"中华人民共和国"!

1949年6月，毛泽东主席在中南海邀请北平（北京）各界人士座谈，酝酿和讨论新中国的国名问题。当时，张治中也在被邀请名单之中。毛主席把筹备会上专家们的意见呈给诸位代表，希望广泛听取大家的意见。经过一番讨论后，毛主席最后提出，拟用"中华人民民主共和国"作为国名。

这时，张治中提出了自己的意见，说："'共和'本身就包含了'民主'的意思。'民主共和'意思有重复，何不直接叫'中华人民共和国'呢？"

毛主席听了张治中的意见，觉得很有道理。经众人反复讨论，最后采纳了张治中的意见，定"中华人民共和国"为国名，一直沿用至今。

# 在悲苦中奋进
## ——徐悲鸿

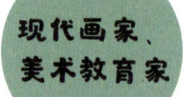

现代画家、美术教育家

中国人

出生地：江苏省宜兴市

生活年代：1895年—1953年

主要成就：中国现代美术教育的奠基者，强调中国画改革融入西方技法，代表作有《愚公移山图》《八骏图》《负伤之狮》《田横五百士》等

优点提炼：不畏困苦，奋发图强

  我出生于一个贫寒的家庭。爸妈希望我以后能福寿安康，就为我取名"徐寿康"。后来，我为自己改名为"徐悲鸿"。关于这个名字的来历，还有个跟名字一样有些"悲伤"的故事呢。

  有一次，我去一个亲戚家喝喜酒。有钱的公子哥儿都穿着绸缎，只有我衣着寒酸，穿着朴素的白布大褂，被所有的人讥笑。对于贫穷，我早就习以为常，并不觉得是什么丢脸的事。但是在言谈中，别人对我的奚落和嘲笑真的很过分，言行中显露出他们的庸俗。我在心里发誓，以后绝不跟这样的人为伍，就算我将来有钱了，也绝不穿绸缎衣服！

因为贫穷，我所受的屈辱还不止这一次。后来，我想进洋学堂学习，却付不起高昂的学费。父亲只好带着我去亲戚家借，可是没有一个人肯借钱给我们。这让我小小年纪就体会到了世态的炎凉、前途的渺茫，不禁悲从中来，长叹犹如鸿雁哀鸣。从此，我就给自己改名为"徐悲鸿"，以此提醒自己在悲苦的环境中更要振翅奋进。

十三岁时，我的家乡连降暴雨，庄稼被洪水吞噬。为了生活，我跟着父亲去邻近的地方卖画，以维持全家的生计。我从小就跟着父亲学画，正好也可以借此展示一下我的绘画功力。不过，卖画的生活远没有我想象的那么乐观，我们也仅能勉强糊口而已。但就连这样的生活也没坚持多久，爸爸就染上了重病，我们不得已中止了这种漂泊的卖画生活。

我扶着因生病而全身浮肿的爸爸回到了家，并扛起了维持家庭生活的重担。我还没来得及适应角色的转换，爸爸就过世了，家里穷得连安葬费都没有。我作为长子，不得不再次向亲戚借钱渡过难关，可亲戚中没有一个人愿意借钱给我。但幸运的是，热心的陶留芬先生给我们家送来了钱，还亲自帮忙安排了丧事。这对于我来说，无疑是天大的恩情。

父亲过世后，我理所当然成了家里的顶梁柱。为了养家，我不得不另想办法出去谋生，但我唯一能谋生的资本就是会画画。

后来，我听说有个叫徐子明的老乡在上海一所学校任教。他为人热情，乐于帮助别人。于是我求他帮我在学校申请一份工作。他很爽快地答应下来，把我的绘画作品送到校长面前。校长看完之后不住地夸奖，决定马上聘用我。

我满怀期待来到上海，在徐子明的安排下跟校长见了面。本来以为是十拿九稳的工作，却在这次见面后泡汤了。原来校长以为我是一个成年人，没想到还是一个孩子。他露出了怀疑的神情，悄悄地对徐先生说："这还是个小孩子嘛，怎么能胜任这份工作呢？"

虽然校长说话的声音很小，态度却很坚决，任凭徐先生怎么解释，校长都不愿意改变主意。就这样，我和这份工作擦肩而过了。不久后，徐子明去了北京大学任教，我的工作就更没着落了。只是他在临走前，帮我写了封去商务印书馆求职的介绍信。

后来天气一天天冷起来，我的盘缠也用光了，最后因为没钱交房租被赶了出来。无奈之下，我揣着徐子明先生的介绍信去求见《小说月报》的主编。主编看了我的介绍信和作品后，十分满意，答应让我为中小学教科书画插画。

可命运好像总爱跟我开玩笑，正当我高高兴兴地去上班时，却被

告知有人认为我的画不合格。我刚刚燃起的希望又被扼杀在萌芽中了。

我跟跟跄跄地跑出大门，心灰意冷地来到黄浦江边，看着滚滚而去的江水，顿时萌生了轻生的念头。但想到家中还有弟妹们期盼着我的归来，我又有些迟疑了。

就在我犹豫彷徨之间，突然被一只大手死死地拽住了。我回头一看，原来是商务印书馆的职员黄警顽。他看着我泪眼婆娑的样子，忧心忡忡地说："我看到你出门时一脸绝望的神情，放心不下，就跟过来了。果然……"

听到黄警顽的话，我顿时觉得一股暖流涌进了心底。虽然我找工作不顺利，但还是经常会遇到好人。黄警顽知道我没地方住，就把我带回到他那并不宽敞的宿舍，与他同睡一张床、同盖一床被，给了我一个暂时的栖身之所。

在黄警顽的帮助下，我又开始了我的艺术之旅。虽然在追求艺术的道路上会遇到很多难题，但我相信只要怀着一颗奋斗的心，就一定能见到光明。

**延伸阅读**

### 为国争光的徐悲鸿

1919年到1927年，徐悲鸿先后在法国、德国等几个欧洲国家留学。当时的中国贫穷落后，在世界上没有地位。因此，中国留学生在国外也常常受到歧视。

在一次留学生聚会中，一个外国学生恶毒地说："中国人又蠢又笨，只配当亡国奴！就算是把他们送到最好的学院去深造，也成不了才！"徐悲鸿坐在人群中，一听这话被彻底激怒了。他走到那个外国学生面前说："你说中国人又蠢又笨？那好，我代表中国人向你发出挑战！我们来比一比，等到结业时，看看谁是人才，谁是蠢材。"

　　下了战书后，徐悲鸿更加勤奋地投入学习了。他经常带着一块面包、一壶水，在巴黎各大博物馆临摹世界名画，常常一待就是一整天。在坚持不懈的努力下，徐悲鸿在进入巴黎国立高等美术学校后的几次竞赛和考试中都获得了第一名。

　　1924年，他在巴黎举办油画展，轰动了当时巴黎的美术界。

　　当然，那位曾经在大庭广众之下大骂中国人的外国学生，也不得不甘拜下风，承认自己不是中国人的对手。

# 嗜书如命的少年——朱自清

出生地：江苏省连云港市东海县

生活年代：1898年—1948年

主要成就：中国现代著名散文家、学者，代表作品有诗集《踪迹》、散文集《背影》《你我》等

优点提炼：喜好读书，做事严谨

作家、民主战士、教授

中国人

我叫朱自清，出生于江苏海州（今江苏省东海县）。其实父母为我取的名字叫朱自华。有人会问，好端端的名字后来怎么就改了呢？那是因为我小时候立志报考北京大学，为激发斗志，我才选"自清"作为自己的名字，以此勉励自己在困境中不丧志。

小时候，我的父亲在海州当官，家境还算富裕。我是家中的长子，所以全家人对我格外"照顾"。我四岁那年，父亲被调往邵伯镇，我们全家也跟随到了邵伯，居住在万寿宫里，家门口还有条大运河。家里人怕我去河中戏水，就向我撒了个谎，说水中有专吃小孩儿的"怪物"。自此，我再也不敢一个人去河里玩。

父亲怕我随便出去乱跑，"好心"安排我在一家私塾里读书识字。这让我第一次接触到书籍，感受到中华文字的魅力。只是当时我年纪太小，还不理解书中的含义。

六岁那年，我们全家迁到了扬州。父亲对我的期望丝毫未减，对我的学习也抓得更紧。刚进扬州城，父亲便为我请了好几位老师，教我学习英文、国文、数学等知识，激发我学习的兴趣。

我印象深刻的是学国文时，正值辛亥革命，到处兵荒马乱。父亲经不住我的苦苦纠缠，给我请了当时很有名气的戴子秋先生，并安排我在戴先生的夜塾里就读。戴先生的国文学识渊博，见解独特，国文教得非常好。在先生的谆谆教诲下，我的国学知识突飞猛进，这为我以后的写作打下了坚实的基础。

中学时，我特别喜欢泡在校图书馆里看书。一段时间后，学校的书籍都被我差不多看完了，我迫切地需要新知识来充实自己。于是我想到了广益书局，那里收集了大量的文史哲类书籍，更重要的是那里有我想看的新时期的书籍，那是我的另一个精神源泉。于是，我经常跑到广益书局去看书，一看便是一整天，但是从来不买，于是成了书店老板头痛的"顽石"。

这天，天阴冷阴冷的，闲来无事，我又跑到了书局，躲开店小二监视的目光，快速拿起一本书，找一个角落认真地看起来。

"喂……小兄弟……"由于我看书太过入迷，完全没有意识到有人在叫我。

"喂喂……小兄弟小兄弟……"我还是没有意识到自己被人重重碰了一下。

"啪……"一个巴掌莫名其妙地落下来，将我正在看的书打落，掉到了地上。我迅速把书捡起来，大吼："怎么回事，你干吗打我的书？"

"这是我们店里的书，不是你家的书哦！"一个声音传到我的耳边，紧接着，店老板出现在我的面前。

我一下子怔住了。

"不……好……意……思，我这就把书放好。"我哆嗦着将书合上，拍了拍封面上的灰尘。

"我们这里要打烊了。这书你看了这么久，买还是不买？"店老板很客气地问，但眼神却停留在我的脑门儿上。

"打烊，你们大白天的就打烊？"我疑惑地看着店老板的脸。

"大白天？我想你看书看傻了吧，现在已经是晚上了！"店老板说。

我望了望窗外，外面确实黑乎乎一片了。

"哦……"我回答，心想这不是对我下逐客令吗？可是这书我还没有看完，就这么回去我恐怕一晚上都睡不着；可如果买的话，我又买不起，上次还欠着老板的钱呢……

"兄弟，这书你买不买？"店老板再次问道。

"……买！"我从牙缝里挤出一个字，手假装在口袋里不停地摸。其实家里每月给的一元零花钱，几天前就被我买书花掉了，再努力摸也多不出一个子儿来。

"你又没带钱？"店老板见我迟迟拿不出钱，有些不相信我的话。

我紧张地攥紧书，不停地思索着怎样才能得到这本书。最后，我把心一横，豁出去了，想跟老板再商量一下。

"老板，您看可否……"

没等我把话说完，老板就打断了我："你又想让我免费给你书，书钱等以后再给？"

"知我者莫老板也，呵呵……"我不好意思地说，却不敢抬头看店老板那张冰冷黝黑的脸。

"办不到！你说你已经欠我多少钱了？我数都数不清了。这次说什么也不行！"店老板斩钉截铁地说。

"要不这样，您这次让我把书带回去，明天我一定把以前的钱一并还上。"我虽然知道这一招儿早已失效，但还是抱着最后一丝希望。

"不行……要么把书留下走人，要么交钱把书带走！"外面的天

色越来越暗，店老板不停地催促着。

"老板，我还有一个办法。我这件外套是上月做的，九成新。我把它押在这里，您看行不行？！"

店老板有些犹豫："你这衣服能值多少钱呀？不要！"

"要不这样吧，我之后一个月，都来店里免费给您干活儿，这样总行了吧？"我已经放下了所有的面子，央求道。

最后老板还是妥协了，他叫我立了个字据，才让我拿着书离开。夜里，冰冷的寒风直刺骨髓，但我内心却是温暖的。在知识的海洋里，我从不觉得自己是一个贫乏的人。

**延伸阅读**

## 严谨求真的朱自清

朱自清先生的《荷塘月色》大家都读过吧？这篇散文中关于月下荷塘的描写堪称经典。但是文章发表后不久，有一位读者给朱自清写了一封信，信上直言不讳地说朱自清的一些描写严重失真。这到底是怎么回事呢？

原来这个读者认为树上的蝉在夜里是不叫的，而朱自清写道"这时候最热闹的，要数树上的蝉声与水里的蛙声；但

热闹是他们的，我什么也没有"。

之后很长一段时间，朱自清亲自查阅了很多资料，询问了很多朋友，甚至还专门去请教了昆虫学教授。大家给出的意见和读者的来信相似，都说蝉在夜晚是不叫的。于是，他做了一个决定：《荷塘月色》再版时，一定要将这一段加以更正。

自从这件事后，朱自清更加细致地观察生活，有几次夜晚散步的时候，他惊喜地听到了蝉鸣。蝉夜晚会叫，没错！他这才安心。

后来，他还专门为这一件事写了一篇文章，感慨写作时要持有严谨的态度和求真的精神。

# 贫苦孩子当自强——彭德怀

- 出生地：湖南省湘潭市湘潭县
- 生活年代：1898年—1974年
- 主要成就：中国人民解放军的缔造者之一、中华人民共和国开国十大元帅之一
- 优点提炼：刚直不屈，勇敢奋斗，忠诚于人民和革命事业

无产阶级革命家、军事家、政治家

中国人

我叫彭德怀，小名钟伢子，从小生活非常清苦。我八岁那年，母亲生病去世了，父亲也得了重病，我只好承担起照顾三个弟弟的重担。由于家庭失去了经济来源，我们只好将家里值点儿钱的东西都卖掉，以维持生计。最后连家里的床板、椅子都卖光了。

这是一段艰难的岁月。我们兄弟几人挣扎着求生,大冬天没有鞋穿,没有棉袄穿,只能穿着草鞋蓑衣,在寒风中挤在一起瑟瑟发抖。

记得那年正月初一,有钱人家热热闹闹迎新年,鞭炮声"噼噼啪啪"响个不停。我们却只能待在茅屋里面面相觑,冷清无比。祖母无奈地说:"家里一粒米都没有了,我带你们出去讨饭吧。"

我天生有骨气,马上说:"不行,再穷也不能去讨饭。"

"难道大家就坐在这里等着饿死不成?"祖母用哽咽的声音说。

我看着躺在床上的父亲,再看看面黄肌瘦的弟弟们,只好妥协了,"那就由我和二弟出去讨饭吧。您年纪大了,就在家歇着吧。"

我们俩出了门,不好意思在村里讨饭,就朝邻村走去。一路上闻到饭菜的香味,更加觉得饿得慌。后来被一阵浓郁的腊肉味吸引,不自觉地来到一个大户人家门口。我还没来得及上前敲门讨食,门里就走出一个中年人,朝我厌恶地挥挥手,说:"要饭的,别在我家门前晃悠。我家没有多余的粮食。"

我这个人自尊心强,听到这话,脸涨得通红,当即大叫:"我不是要饭的,我不是!"

中年人鄙夷地看了我一眼,反问道:"不是要饭的,那站在我家门前干什么?"

我握紧拳头说:"难道你这里是什么宝地,站都不允许别人站吗?"

中年人给了我一个白眼,转身走进门去。我还要骂,二弟拼命把

我拉走了。

  从早上走到傍晚，我们没有讨到一点儿东西。眼看天快要黑了，我们走到了一户教书先生家门口。教书先生走出门，看到我们两个，想讨个好彩头，就问："你们两个是招财童子吗？"

  我没好气地答道："是要饭的。"

  教书先生的脸色顿时变了。二弟乖巧，赶忙说："我们是招财童子，会给您带来好运，招财进宝的。"

  教书先生听了很高兴，就给了二弟半碗饭，一块肉，但看都没看我一眼。

黄昏时候，我和二弟回到家里，讨的饭还不够一个人吃的。我走了一天，又累又饿，刚进门就摔倒在地上。二弟忙说："哥哥是饿晕了，他今天一天没有吃一点儿东西。"

祖母叹息了一声，给我煮了点儿青菜汤喝下去，我总算醒过来了。

第二天，祖母又说要出去讨饭。我死活不肯去了，说："讨饭受人欺负，遭人白眼。我就算饿死，也不会再去讨饭了。"

祖母没有办法，只得带着弟弟出去了。我拿了一把柴刀，上山砍柴，想赚点儿钱来买米。可砍了一整天，才卖了十文钱。米是买不起了，就换了一小包盐，回家和父亲煮青菜汤喝。

等到天黑，祖母回来了，还带了几小包米，都是讨来的。我虽然饿得发晕，却死活不肯吃讨来的东西。我发誓，这一辈子都不吃这种嗟来之食。

祖母见我犯犟，急得掉眼泪，唤着我的小名，说："钟伢子，不吃饭会饿死的。都到了这个地步，你还讲究这么多干什么？有吃的，大家一起吃；没有吃的，大家就一起饿死。"

听着祖母的话，我泪水长流，却死活不肯吃饭。见一家人都来劝，我索性跑出茅屋，等他们吃完了再回来。

从那以后，我就靠卖柴、捉鱼、挑煤维持生计。有时光景好，能吃上一顿饱饭。可大部分时候，都是食不果腹、饥肠辘辘。

在我十五岁那年，天干地旱，地里的庄稼都枯死了。别说我们这样的贫苦人家，就是有田有地，能够自力更生的人家都断粮了。偏偏这时候，没良心的商人们还拼命提高粮价，让大家都没有了活路。

有一天，饥民们自发组织起来，强行冲到商人家里，抢他们家的米吃。我从小受到叔公的影响，听说了很多太平军的事情，如有饭大家吃、平分土地之类的，于是很自然地就参加了这次行动。

几千个饥民联合起来，冲到米行，砸破门窗，将一袋袋的大米搬出来，在街上免费散发。

"快来，快来，免费领米了！"四方的群众聚集过来，没过半天，就将城里的几家米行搬空了。

我也搬了一袋米，高高兴兴地扛回家中。看到家人吃上了香喷喷的白米饭，我心里想：穷人不应该天生贫穷，应该通过自己的努力来改变命运。从那以后，我一直朝着这个方向前进，为更多的穷苦百姓能够当家做主而努力。

**延伸阅读**

## 元帅的宝贝

彭德怀有四件"珍宝":一把左轮手枪、一枚红星奖章、八块银圆和一包历史资料。不管在哪里工作,他都把它们珍藏在保险柜里。这是不同时期留下的、对于他很重要的纪念品。

左轮手枪是抗日战争时期从日本鬼子手里缴获的战利品,

我有四宝!

是对抗战胜利的纪念。

红星奖章是在中央苏区时，中华苏维埃共和国中央人民委员会授予他的，毛泽东、周恩来、朱德也都有。彭德怀曾经说过："这不是个人的荣誉，它记载着无数革命战士英勇献身的革命精神。"

那八块银圆是红军时期分给他的伙食尾子。他解释说："伙食尾子就是节约下来的伙食费。那时候，干部和战士的生活很艰苦，都没有零用钱，每天只有几分钱的菜金。当时官兵平等，分钱一样多。我很少花钱，就把它积攒下来了。"

那包材料，则是彭德怀的笔记本和一些油印的战斗经验总结。彭德怀经常说："革命的经验是最宝贵的财富。虽然是素材，但却是从经验中得来的宝贵材料。"

# 辍学学生也能成才——华罗庚

出生地：江苏省常州市

生活年代：1910年—1985年

主要成就：中国解析数论、矩阵几何学、典型群、自守函数论和多复变函数论等多方面研究的创始人和开拓者

优点提炼：勤于思考，刻苦自学，逆境中不屈服

数学家、中国科学院院士

中国人

我出生那年，爸爸已经四十岁了。他老来得子，欣喜之情无法言表，就给我取名叫华罗庚。按照爸爸的解释，"罗"字相当于"箩"，象征家有余粮，又符合我们家乡的俗话：箩里坐笆斗——笃定；"庚"有同庚百岁的意思，又与"根"音相近，也表示"华家从此有根"。

我小时候很贪玩。灯节、船会、社戏都少不了我，常常玩得忘了吃饭，忘了功课，所以学习成绩一般，甚至有时还考不及格。但我思维敏捷，解题思路常常出人意料，因此深受数学老师王维克的喜欢。

有次上数学课，王老师为了开阔我们的眼界，出了一道古代著名的数学题。王老师说："这是《孙子算经》中的一道题目，有一群动物，不知道它们的数目。每次数三只，最后会剩两只；每次数五只，最后会剩三只；每次数七只，最后会剩两只。请问这种动物一共有多少只？"

老师的话音刚落，我的答案就脱口而出："二十三只！"

大家知道我平时成绩一般，今天却算得这么快，都感到十分惊讶。王老师也有些怀疑，问我是不是以前看过《孙子算经》。

我站起来大大方方地说："我没有看过《孙子算经》。我是这样想的，'每次数三只，最后会剩两只；每次数七只，也会剩两只，所以这个数可能是 $3 \times 7 + 2 = 23$。'然后我用这个结果除以五验算了一下，发现真的是余三。"

王老师听完我的解题思路后大加赞赏，说没想到我会用这样的方法来做。后来有一次，老师们在一起闲聊，谈到当时的学生素质，一位老师不禁感叹学校里"差生"多，没有"人才"时，其他老师也纷纷表示赞同。

王维克老师却不同意，他说："不见得吧！依我看，华罗庚同学就是一个人才！"

"华罗庚？"一位语文老师笑了，"他连自己的名字都写不好，跟螃蟹爬似的，能算个人才吗？"

王老师有些激动地说："他的字写得丑，只能说他成为大书法家的希望很小。可他在数学上的才能，你怎么能从他的字上看出来呢？要知道金子被埋在沙里的时候，粗看起来和沙子并没有什么两样。我们教书匠最需要有沙里淘金的本领，否则就会埋没人才啊！"

王老师的一席话，使其他老师都陷入了沉思。

后来，我知道了王老师说过的这番话，对他的欣赏十分感动，决心好好学习，绝不辜负他的期望。从此，我改掉了贪玩的坏习惯，全身心地投入到学习中。

光阴飞逝，很快我就初中毕业了。尽管我的数学成绩很好，但由于家庭经济困难，我一毕业就被迫辍学，回家帮助父亲料理杂货铺。

我每天站在柜台后面，一边帮店里记账、发货，一边自学数学。春夏秋冬，从不间断。在别人看来无比枯燥的生活，我却乐在其中。只是有时做题入了迷，竟忘了接待顾客。

有一年冬天，一位年轻人来到我家店里，说要买些灯草。

"什么，京枣？"我正专注于一道方程式的解法，没有注意听他说话。我一手拿着笔，口里念叨着数字，另一只手从货架上拿出京枣递给他，说，"十元一斤。"

年轻人看了哭笑不得："我要的是灯草，你给我拿京枣干什么！"

"京枣和灯草不是差不多吗？"我还沉浸在数学世界中，没有反应过来。

年轻人见我一副魂不守舍的样子，骂了一声"呆子"，转身走掉了。

还有一次，一位老人家进门来问："棉线多少钱一支？"

当时我正在一张废纸上演算一道数学题，便随口回答他："7425。"

老人听到这个结果，吓了一跳，情绪有点儿激动："棉线怎么这么贵？你随便去问，看谁家的棉线是这个价格？你不要欺负我一个老头子，居然随意抬价！"

我这才发现说错了，赶忙向老人道歉。

因为经常发生类似的乌龙事件，时间久了，这些事情在街坊邻居

那里传为笑谈。大家还给我起了个绰号，叫"罗呆子"。每逢遇到怠慢顾客的事情发生，最生气的就是我爸爸。他暴跳如雷，在杂货店里大吼大叫，说我读"天书"读傻了，要把我的书全都烧掉。争执发生时，我总是死死地抱着书不放。爸爸也拿我没有办法，只好由着我的性子来。

就这样，我在杂货铺的柜台上坚持自学，用着残破不全的教材，从《代数》《几何》学到微积分。俗话说"有志者事竟成"。我用了五年的时间，自学完了高中到大学低年级的全部数学课程。

后来，回忆起小时候这段生活，我不由得感慨万千："那正是我应当接受教育的岁月，但一个'穷'字中断了我的学业。我只能依靠自己的努力，在一双草鞋一支烟、一卷灯草一根针的杂货铺生涯里，努力为自己的梦想而努力。"

**延伸阅读**

## 没有学位的大师

华罗庚是数学领域的天才，成就斐然，誉满中外。但奇怪的是，他只有初中毕业文凭，终身没有学位，甚至连高中毕业证都没有，这可真是一件怪事。

原因还要从1930年说起。华罗庚因家贫辍学后，努力自学，凭借一篇论文被清华大学破格录用为图书馆馆员，后又在数学

> 我追求的是学识的进步，不能浪费时间在那些虚名上。

系担任助理，破格提升为助教、讲师。后来，他被派往英国剑桥留学。留学期间，他把全部精力都放在研究数学问题上，不愿为申请学位浪费时间。很多人劝他为今后的前途着想，申请一个学位。他却平静地回答："我追求的是学识的进步，不能浪费时间在那些虚名上。"

后来，他发表的第一部数学专著《堆垒素数论》成为数学经典名著，他也一跃成为国际知名的数学家，再也不需要依靠学位来证明自己了。

# 书香熏陶出来的偏才——钱锺书

出生地：江苏省无锡市

生活年代：1910年—1998年

主要成就：撰写了《管锥编》《谈艺录》《围城》等著名作品

优点提炼：心地单纯，潜心研究学术，学贯中西

作家、文学研究家

中国人

我叫钱锺书，出生于一个教育世家。我的伯父没有儿子，按照家族传统，我一生下来就过继给了伯父。我出生那天，恰好有人送来一本《常州先哲丛书》，伯父就为我取名"仰先"，小名叫阿先。

我只在学校上过半年学，就因为生病辍学了。后来，伯父就在家

亲自教我，但也很清闲。上午照例是休息，下午才正式上课。

每天上午，伯父都带着我去茶馆。他坐在大堂里，点上一杯茶，处理些杂事，或者找熟人聊天儿。我往往是待上一会儿，就悄悄溜出去自己玩耍。

伯父会给我几个铜板当作零花钱。我嘴馋，经常被路边的零食迷住。有一种大酥饼，足有饭碗口那么大，才一个铜板，是我每天必买的小吃。吃完酥饼，我就花两个铜板去旧书铺或者书摊上租一本小书回家看，每天过得十分悠闲。

我家里的书也很多，比如《西游记》《三国演义》之类的，我很早就翻完了，不过那时候认字不多，只能囫囵吞枣地看。我经常把"呆子"读成"岂子"，也不知道呆子指的就是猪八戒，反正乱读一通，倒也乐在其中。家里的书翻完后，我就经常到外面租些有画的小书看。

除了看书，我还喜欢乱涂乱画。那时候中药房卖的草药都用两层纸包裹，其中一层纸是白纸，干净吸水。我就在上面临摹伯父收藏的《芥子园画谱》，或者是《唐诗三百首》里面的插画。画完以后，我还在后面署上"项昂之"三个字——"项"指的是项羽，他是我心目中的英雄；"昂之"是我给项羽胡乱起的号，因为我觉得他的气质应该是"昂首仰视"的样子。其实我骨子里希望自己就是项羽哩，这也算是一个懵懂孩子的英雄梦吧！

十一岁的时候，我考取了东林小学，正式坐在课堂里读书了。虽然我成绩平平，脑子里却有不少稀奇古怪的念头。旁人都说我是个痴头痴脑、没正经的孩子。因为我的兴趣在文学上，喜欢天马行空地想象和自由发挥，所以数理的成绩特别差，老师也不关注我。上初中后，我居然在全校的国文和英文比赛中得了第七名，这让所有人都出乎意料。

校长见我是个偏才，便不在考试的总分上为难我。我也更加努力，以报答校长的知遇之恩——不过我努力的方式并不是好好听讲，做老师的乖学生，而是正好相反。

上英语课时，我从不记笔记，只是悄悄地看英文小说，遇到不懂的词句就翻词典。英语老师是个外国人，教学风格自由活泼，见我从不听课，但每次考试都是全班第一，也就不管束我了。到初三时，我英语考试常年是全校第一，口语水平更是和外教不相上下了。

在文学上，我从小受家庭环境的熏陶，基础格外扎实，因此也有点儿得意忘形，不思进取。

有一年父亲调去北京，在清华大学任教。没有人在身边管束我，我就开始松懈下来，像脱缰的野马一样乱跑，再也不肯认真读书了。没想到乐极生悲，暑假父亲从北京回来，命令我和堂弟各写一篇文章，看看我们有何长进。堂弟写的那篇颇受好评，而我写的文章却不文不白，乱七八糟。父亲看了之后非常生气，把我关在大厅里暴打了一顿。我又痛又羞，好久不敢出来见人。

从那以后，我收敛了心思，又开始认认真真读书了，写文章的水平也大有进步，偶尔写出几句好词，还能受到父亲的赞许。父亲见我进步神速，就让我代他写信。开始是他口头说个大概意思，由我代写；后来就完全由我自己发挥；再后来，就连一些他不好推托的文章，也由我来代笔。

有一次，有人请我父亲写一篇墓志铭。父亲就把这个任务转交给了我。我文不加点，一气呵成，很快就写成了。父亲看过之后，表面上不动声色，私下里却在母亲面前夸奖了我。我奶奶在旁听说后非常高兴，赶紧跑来告诉我这个好消息。她气喘吁吁地对我说："阿先，你爹爹称赞你呢！说你文章作得好。"那是我第一次听到父亲的称赞，这称赞真是来之不易啊！

考大学的时候，我数学只考了十五分，但国文分数却是高得离谱，英文更是得了满分，因此被清华大学外文系破格录取。虽然我不是文理通吃的全才，但是一个人如果能够充分发挥出自己的特长，也会是一个成功的人，难道不是吗？

**延伸阅读**

## 刚正不阿的倔老头儿

很多名人都想和钱锺书结交，可是基本上都被他回绝了，即便是当时不可一世的人物。据黄永玉先生讲，"文化大革命"期间，某天忽然有部门通知要钱先生去参加国宴。学校办公室连忙派人去告知他。不想钱先生却说："我不去！我很忙，我不去！"

"这是江青同志点名要你去的！"

"我不去！我很忙，我不去！"还是那句话。

"那么，我可不可以说你身体不好，起不来？"

"不！不！不！我身体很好，你看，身体很好！我很忙，我不去！"

最终钱先生也没有去。

这就是钱锺书的风骨，他不在乎虚荣的名利，也不怕得罪大人物。但对普通人，他反倒是和蔼可亲、平易近人。他的夫人杨绛回忆说，钱锺书晚年身体不好，经常要住院接受治疗，但医生和护士们都说，他最能配合医护人员的工作，是最耐心的病人。

我很忙，没空！

# 逆风也要飞舞
## ——波义耳

化学家

英国人

出生地：爱尔兰利斯莫尔

生活年代：1627年—1691年

主要成就：发明石蕊试纸；创建波义耳定律；1661年出版著作《怀疑派化学家》，使化学发展成为一门独立科学

优点提炼：有主见，不盲从

  我出生在一个贵族家庭。爸爸是爱尔兰最有权势的大公爵，而且还是远近闻名的大富翁。在十四个兄弟姊妹当中，我是最小的一个。

  在我三岁那年，妈妈去世了。也许是从小缺少妈妈的精心照顾，我的身体不太好，体弱多病。有一次，医生给我开了一副药，我吃下去之后呕吐不止，差点儿丧命。后来听另一个医生说，这是因为前一个医生开错了药，我的胃不吸收，才发生呕吐现象的。从那以后，我即使生了病也不愿意找医生，因为我不知道药方是不是对的。

哥哥们热衷享受贵族的生活，对权力感兴趣。跟聪明的哥哥们相比，我显得笨，少言寡语，还有点儿口吃，不喜欢谈论国家大事，不喜欢玩游戏，只对书籍感兴趣，常常手不释卷。我最喜欢做的事，就是静静地读书，默默地思考。

爸爸对我的将来有些担忧，他曾经劝过我，希望我跟哥哥们一样，长大以后在政府部门谋个差事。我执拗地说："爸爸，我难道只有这一条路可以走吗？我喜欢做自己想做的事！"爸爸沉默了一下，说："孩子，去做你喜欢做的事吧，我支持你的选择。"

由于我跟这个家庭里的其他人格格不入，八岁那年，爸爸把我送到一所贵族学校伊顿公学读书。在这所学校里，没有哪个老师喜欢我，因为我经常怀疑老师给出的答案，不停地问这问那。按照老师的话说："你怎么总是打破砂锅问到底呢？"

有一次，老师在课堂上说，如果黄色混入蓝色，就会变成绿色。我脑子里的那个大大的问号又冒出来了，疑惑地问："老师，为什么黄色混入蓝色就会变成绿色呢？"

老师愣了一下，说："这些道理谁都知道，还值得怀疑吗？"

我又问："这个实验您亲自做过吗？如果没亲自做过的话，为什么不能怀疑呢？"

老师显然生气了，不耐烦地说："那你就去做个实验，看我说的对还是不对！"

老师只是随口一说，我却较了真。我离开教室，来到实验室，找来一个盆子，取来两种颜料：一种是黄色，一种是蓝色。我把两种颜料倒进盆里，让它们混合在一起，结果奇迹出现了——真的变成了绿色！我把盛颜料的盆子端到教室，高兴地对老师说："老师，您的话是对的！黄色混入蓝色，真的会变成绿色。"

老师得意地笑了。可是，我接着说："不过，这只能证明您这次

的话是对的，并不能证明您的每句话都是对的！"

老师瞪着眼，气冲冲地说："你……你这个小家伙，真不听话！照这么下去，你一定会吃亏的！"

在我十二岁的时候，我的家乡爆发战乱。爸爸担心我的安全，就让我跟着家庭教师到欧洲各国去游历，先后在日内瓦、法国、瑞士、意大利等地的学校念书。在这期间，我有幸读了伽利略的名著《两大世界体系的对话》，感到受益匪浅。我决心向伽利略学习，不迷信权威，勇于开创科学实验。

我十七岁那年，爸爸在一次战斗中牺牲了，我们的家境开始衰败，我不得不回到英国。回国后，我在姐姐家里认识了科学教育家哈特·利伯，他鼓励我从事医学研究。从那以后，我开始真正学医，并利用爸爸留给我的遗产建起了自己的化学实验室。当时的医生都是自己开药配药，所以学医就必须研制药物，研制药物就必须做实验，做实验就必须有实验室。

我整天泡在实验室里，浑身沾满了煤灰和烟，完全沉浸到化学实验当中，简直到了痴迷的程度。有一天早晨，我刚要跨入实验室的大门，忽然闻到一股醉人的香气。原来，是花圃里的紫罗兰花开了。我本来想好好欣赏一下这迷人的花朵，但想到实验任务太多，就摘下几朵紫罗兰，拿到实验室，随手插到一个盛水的烧瓶里。在实验过程中，一个助手不小心，把一滴盐酸溅到了紫罗兰上，花瓣上顿时冒出几缕白烟。

我急忙把冒烟的紫罗兰用水清洗了一下，重新插到花瓶里。谁知当水落到花瓣上之后，溅上盐酸的花瓣竟然奇迹般地变红了。

我的脑子里闪出一连串大大的问号：紫罗兰中有一种成分遇到盐酸会变红，这种物质到底是什么呢？别的植物会不会也有同样的物质？别的酸对这种物质会有什么样的反应？这对化学研究有什么样的意义？

为了解开这些谜团，我进行了许多次实验。后来，根据自己的发现，我制成了一种实验中常用的酸碱试纸——石蕊试纸，为以后的化学实验带来了很大的方便。

因为在化学研究方面取得了重大成绩，我的名声盛极一时。我被视为"英国科学界的明星"，还被皇室任命为东印度公司经理。那些权贵们都争着和我交往，可是我把社交活动看得很淡，甚至有点儿厌恶。由于过度劳累，我的身体健康状况不断恶化，这更促使我不得不抓紧一切时间进行工作。

有一年，我被推选为英国皇家学会会长。这几乎是一个科学家的最高荣誉，但我毫不犹豫地拒绝了。

"是什么原因让您拒绝就任这个光荣的职位呢？"有人不解地问。

我反问道："您不觉得那一套就职宣誓仪式，是在浪费时间吗？"

我深切地体会到，时间就是生命，我要抓紧最后的时间，写很多很多书，一直到生命的最后一息。

**延伸阅读**

## 时间就是生命

波义耳在化学研究方面取得重大成就，使他的名声盛极一时。他受人尊敬，被皇室任命为东印度公司经理。那些权贵们都争着和他交往，甚至认为，就算同这位"英国科学界的明星"只谈几分钟的话，也是值得炫耀的。可是波义耳把社交活动看得很淡，甚至有点儿厌恶。由于过度劳累，他的身体健康状况不断恶化，更促使他不得不抓紧一切时间进行工作。

忙着呢，哪有工夫当会长？

1680年，波义耳被推选为英国皇家学会会长。这几乎是一个科学家的最高荣誉，但他毫不犹豫地拒绝了。

　　"是什么原因让您拒绝就任这个光荣的职位呢？"有人不解地问他。

　　波义耳说："您不觉得那一套就职宣誓仪式，是在浪费时间吗？"

　　波义耳深切地体会到，时间就是生命，可属于自己的时间已经不多了。他完全沉浸在实验里。即使最后因为身体状况不允许他这样工作，他仍抓紧最后的时间，写了很多书，一直到生命的最后一息——有些书是在他去世后才出版的。

# 我并不是真的笨 ——牛顿

英国人

物理学家、数学家、天文学家

出生地：英格兰林肯郡

生活年代：1643年—1727年

主要成就：提出万有引力定律、牛顿运动定律；与莱布尼茨共同发明微积分；发明反射式望远镜；被誉为"近代物理学之父"；著有《自然哲学的数学原理》等

优点提炼：专注，有毅力，不认输，好学，动手能力强

我叫牛顿，出生在距今三百多年的英国林肯郡伍尔索普村的一个农民家庭。不幸的是，我出生前几个月，爸爸就已经去世了。两年后，妈妈改嫁，我便由外婆抚养。

也许由于家庭的不幸，我小时候便很沉默，不大爱与人交流，喜欢沉醉在自己的小小世界里思考。

五岁时，我进入小学。老师很严厉，实行鞭笞教育：如果哪个学生不听话，或者回答不出问题，就会挨打。

记得新生入学的第一堂数学课，老师拿着一根粗粗的教鞭不停地在桌子上敲打，想要镇住我们这些刚进入学堂的毛孩子。突然，他点名问道："艾萨克，你站起来回答，一加二等于多少？"

之前，外婆就教过我初步的算术，这样的问题对我来说，简直太简单了。可是看着讲台上穿着黑色长袍、一脸严肃的男教师，听着教

鞭打在桌上啪啪作响，让我不由得紧张起来。加上我本来性格就比较内向，很少与人交往说话，当着这么多陌生同学的面站起来讲话，更是从来没有过的。于是我心里一急，紧张得憋红了脸，小声说道："二！"

话音刚落，全班同学便哄堂大笑起来。接着，便是教鞭更加急促的"噼噼啪啪"的敲打声。我又吞吞吐吐地改口："是……是三。"

"到底是二还是三？"老师厉声呵斥着，"这么简单的问题都不知道，你还来上什么学？过来，脸朝墙壁站好。"

老师一边说，一边拎着我来到讲台上，让我在讲台上接受处罚。

当时我的脸都红到脖子了，火辣辣的，耻辱、羞愧的感觉一股脑儿地涌上了心头，眼泪像雨水一样，"唰"地流下来。这件事情像一根刺一样，深深地扎入我的心中，久久还在刺痛。从此以后，我每次上课都非常紧张，每次被点名回答问题，也都是结结巴巴。我与老师之间就像横亘着一条宽宽的沟壑，永远都沟通不上。当然，我最后也都是以遭受一大通训斥，或者被打手心宣告收场。

这样一来，我对学校产生了很强的恐惧感，成绩越来越差，经常被列入差生的行列，受到老师和同学们的讥讽。于是，我越来越不想上学了。

我已经记不清自己挨了多少打，受到了多少次歧视。但有件事情却至今深深地印在我的脑海中。

有一次课间游戏时间，我正玩得兴高采烈，一个成绩好的同学故意踢了我一脚,把我踢倒在地。他不但不道歉,反而趾高气扬地说:"玩游戏也能摔倒,看来你是真的很笨啊!"

我强忍着眼泪,虽然有委屈,有愤怒,但我知道,在这所等级制度森严的学校里,成绩好的学生可以歧视成绩差的学生,这是一种潜规则。想要改变自己在学校受人欺负的处境,我只能发奋学习,把成绩赶上去。

从此,我每天早起晚睡,刻苦学习,抓紧一切可以利用起来的时间认真学习。不久后,我的学习成绩就超过了那个曾经欺负过我的同学,在班级名列前茅。

其实,在学习之余,我还有更大的兴趣爱好,那就是探索大自然。大自然里充满着各种奥秘,像磁铁般吸引着我靠近它,探究它。我每天最开心的事就是放学后去河边树丛中玩耍,去欣赏大自然,沉浸在大自然的馈赠中。

我还有一个小秘密,就是喜欢自己动手做各种各样的小东西:小板凳、小桌子、小箱子等。我家的小屋子里摆满了各种各样我亲手制作的小东西。我一有新想法,就会拿出我的神秘百宝箱,在家里敲敲打打一番,弄出点儿小设计。这样,我靠着自己的摸索,学到了很多在课本上学不到的知识。

可这样惬意的日子没能持续下去。在我十四岁的时候,由于生活所迫,妈妈打算让我辍学回家,当一个农民。可是我的心思都被学习和探索牢牢地吸引住了，完全抽不出心思来务农。所以，我干活儿时总是心不在焉，以至于闹出了一些乌龙事件。

有一次，我一边思考问题，一边牵着马在路上走。等到达目的地时，我才发现手中只剩下一根绳子，马早就不见踪影了。原来我思考问题太认真，马已经在半路上挣脱缰绳跑掉了，而我却全然没有察觉。我意识到自己闯了大祸，急忙四处寻找，却没能找到。万幸的是，当我绝望地回到家时，却发现马已经乖乖地回到了马厩中。

这样的笑话可不止一次地发生在我身上。还有一次，妈妈吩咐我去村外的草地上放牧。我把羊群赶到草地上，就抱着一本厚厚的数学书，躺在草地上聚精会神地读起来，完全忘了自己还在放牧的事情。

突然，一个熟悉的声音带着怒意传来："艾萨克，你还在睡觉？羊都跑丢了。"

我抬头看到是舅舅，慌忙放下书，一骨碌从草地上爬起来，急忙去追赶跑散的羊。幸亏有舅舅帮忙，我才把羊重新赶到了一起。

我忐忑不安地回到家中，生怕舅舅会把我不认真放牧的事情告诉妈妈。谁知，舅舅却笑眯眯地对妈妈说："这小家伙在放牧时竟然还在读数学书。我看他确实不适合当农民啊！"

听了舅舅的话，妈妈也重新考虑了我的前途问题。于是，我又再一次回到了校园，继续我渴求已久的学习生活了。

也正是因为舅舅和妈妈当时的正确决定，才让我在科学的路上越走越远。

**延伸阅读**

## 谦虚的牛顿

作为"近代物理学之父",牛顿可不仅仅在物理学方面有所造诣。同样,他在数学、天文学和神学领域中都有一番作为。但就是这样一个声名显赫的人,却是个十分谦虚的人,一点儿也不骄傲自大。

在牛顿功成名就以后,有人曾问他:"您的成功秘诀是什么呢?"

"假如我有一点儿微小成就的话,没有其他秘诀,唯有勤奋而已。"牛顿继续谦虚地补充道,"假如我看得远些,那是因为我站在巨人们的肩上。"

多么谦逊的品德啊!相信这也就是牛顿被后人所敬仰的原因之一吧。

# 心底的音乐梦——海顿

奥地利人

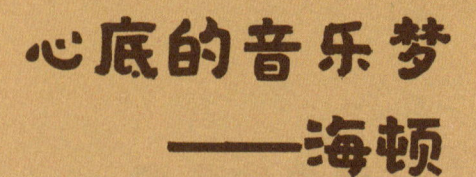

作曲家

出生地：罗劳村

生活年代：1732年—1809年

主要成就：古典主义音乐的杰出代表，世界音乐史上影响巨大的作曲家；代表作品有《惊愕交响曲》《午别交响曲》《小夜曲》《吉卜赛回旋曲》等

优点提炼：学习刻苦，自强不息

听妈妈说，我从小就对音乐特别敏感。有时候，我哇哇大哭，怎么哄也哄不住。可是，只要妈妈在我耳边轻轻地哼上几句歌曲，我就会很快安静下来。

我爸爸是个马车制造匠，经常给人家修理马车，忙得不着家。妈妈在一个富人家里当厨师，也没有时间照看我。所以从很小的时候起，我就跟着爸爸走村串户，成了他的"小跟班"。爸爸干活儿的时候，我在他身边转来转去，一会儿摸摸这儿，一会儿动动那儿，总是闲不下来。爸爸只好不停地说："海顿，爸爸要做工，你别捣乱，到旁边自己去玩！"

"爸爸，你给我唱歌，我就自己玩。"我淘气地说。

于是，爸爸一边干活儿一边唱起了民歌。我坐下来，在旁边静静地听，有时一坐就是几小时。爸爸虽然不识谱，但是会弹奏竖琴，经常在休息的时候自弹自唱。时间长了，我也学会了演唱好多歌曲。

我五岁那年，村里来了一个歌舞团。在他们表演节目的时候，我

看到有一个人小提琴拉得特别好，就羡慕地对爸爸说："爸爸，我也想拉小提琴。我还想当一个歌手，到处去歌唱。"

爸爸摸着我的头，为难地说："咱们家里穷，交不起学费啊！"

我懂事地点点头，再也不提想学音乐的事了。可是不久以后，爸爸的一位表亲弗兰克从海恩堡来走亲戚。他在一所教会乐团担任领唱，在音乐方面很有才华。他们在聊天儿的时候，爸爸无意中谈起我对音乐的偏好。弗兰克很感兴趣，就让我唱首歌听听。等我唱完之后，他高兴得一下子跳起来，拉着我的手说："孩子，你唱得太好啦！不学音乐简直是太可惜啦！"

爸爸皱着眉头，把家里的难处说了。弗兰克想了想，最后说："这个问题我来想办法解决。"

弗兰克说到做到。第二年他又来了，说可以介绍我到他所在的教会乐团接受正规的音乐教育。爸爸和妈妈听了非常高兴，但马上又变得愁云满面。

妈妈说："海顿才六岁，还不能照顾自己，怎么能出远门呢？我很想辞去工作跟着前去照顾他，可家里的日子……"

我坚定地说："爸爸妈妈，你们不用陪我去，我能照顾好自己。"

就这样，我跟着弗兰克来到了陌生的海恩堡。刚开始的时候，我的确很不适应，每天起床穿衣、整理床铺都搞不好。别人都去吃早饭了，我还没穿好衣服。等我穿好衣服、整理好床铺，匆匆忙忙赶去吃饭的时候，别人早就吃完了。不过，我没有灰心，更没有放弃。时间长了，我终于适应了独立生活。我和其他孩子一样严格遵守作息时间，上午七点到十点上课；吃过午饭后开始做作业，直到下午三点钟；晚上是学习演奏钢琴和小提琴的时间。

两年后，我以优异的成绩考进维也纳圣斯特凡大教堂的合唱团，做童声演员。在维也纳，我能听到当时所能听到的所有美妙音乐。尽管大教堂的生活比以前更艰苦，教会的清规戒律也非常苛刻，食物更是十分有限，但我还是感到幸福极了。合唱团没有乐理和作曲方面的课程，唱歌、小提琴和钢琴演奏等所有与音乐有关的课程都是为了能在教堂中获得更高的演唱水准。没有专业老师，我就自己学，先是唱歌，然后是乐器演奏与作曲，一点儿一点儿地获得进步。我每天天蒙蒙亮就起床，独自跑到树林里去刻苦练声。在节假日，其他孩子成群结伙到维也纳郊外去野游，或者去店铺购物，或者去剧院看歌剧，我却一个人来到练琴室，在管风琴上弹练习曲。还有，我们拼命争取外出演出的机会，因为这样可以让我们饱餐一顿，我当然也不会放过。

随着年龄的增长，我十六岁的时候开始变声，甜美的歌喉逐渐变得沙哑。有一天，我们合唱团为奥地利女皇演出。唱着唱着，我又控制不住自己的嗓子了，发出一声很不协调的怪音。

女皇感到很扫兴，用手指着我，问道："这孩子是谁？"

大主教慌忙回答："他叫海顿。"

女皇喊道："把他赶出去。他的声音听起来就像乌鸦叫！"

合唱团的团长罗伊特觉得失去我那美妙的歌喉太可惜，竟打算对我施行阉割手术，以改变发育后的声音。我那时还年轻，根本不懂阉割是什么意思，再加上一心想着能继续学习心爱的音乐，就糊里糊涂答应了。第二天，阉割手术马上就要进行了，正巧爸爸来维也纳看望我。他听到这个决定后火冒三丈，立刻跟罗伊特吵了起来。最后，罗伊特只好道歉，取消了手术。

不久，罗伊特找了另外一个借口，把我从合唱团开除了。但是，我并没因此就放弃学习音乐，而是走进了更为宽广自由的音乐世界。

**延伸阅读**

## 最后的告别

一天，斯合哈奇公爵决定遣散自己的私人乐队。这就意味着乐队队长海顿和三十名乐手将要丢失饭碗了。

海顿心想：公爵决定的事情一般是很难更改的。可怎么做才能让这些乐手不至于失业呢？他灵机一动，写了一首《告别曲》，宣布在遣散会上进行演出。

虽然明知道自己就要被解雇了，但乐手们看在跟公爵往日的情谊上，还是卖力地演奏起来。乐曲开始时欢快、优美、轻松怡然，将乐手们与公爵的美好友谊表达得淋漓尽致。渐渐地，乐曲由明快转为平缓，又由平缓转为暗淡，悲怆的情绪像秋天的浓雾一样在大厅里弥漫开来。

这时，一名乐手停下来，吹灭乐谱架上的蜡烛，站起身来向公爵深深鞠了一躬，然后悄悄地离开了。接着，又一名乐手以同样的方式离开了……最后，空荡荡的大厅里只剩下了海顿一个人。

海顿停止了指挥，默默地朝公爵深深鞠了一躬，转身也准备离开。

突然，公爵大叫起来："海顿，这是怎么回事？"

海顿平静而又诚挚地回答："尊敬的公爵大人，这是乐队的全体同人在向您做最后的告别啊！"

公爵醒悟过来了，流着眼泪说："啊！不，请让我再考虑一下。"就这样，海顿和三十名乐手靠演出《告别曲》又留了下来。

"我决定了，你们别走了。"

# 音乐伴我成长
## ——贝多芬

出生地：波恩

生活年代：1770年—1827年

主要成就：创作了大量交响曲、钢琴奏鸣曲和小提琴奏鸣曲，被尊称为"乐圣"，是一位"集古典主义之大成，开浪漫主义之先河"的伟大音乐家；主要作品有《英雄交响曲》《命运交响曲》《田园交响曲》《欢乐颂》等

优点提炼：身处逆境不放弃梦想

作曲家、演奏家

德国人

1770年12月16日，对于德国波恩一位姓贝多芬的宫廷歌手来说，是个不平常的日子。在他家里，一个健壮的男孩呱呱落地了。男孩放开嗓门儿哭叫，向世人宣告他的降临，也给这一家人带来了喜悦。爷爷路德维希慈祥的脸上挂满了笑容，高兴地对儿子约翰说："这孩子

就用我的名字，也叫路德维希吧。"

这就是我——路德维希·凡·贝多芬。我算是出身于音乐世家：爷爷做过宫廷乐团的歌手，晚年当了乐团的团长；爸爸是宫廷乐手，有时兼任家庭音乐教师。也许是带有遗传基因，我对音乐有种近乎天生的亲切感。我牙牙学语的时候，就喜欢听琴。音乐对我来说有种神奇的魔力。

每次我在吵闹时，只要听到爷爷弹奏钢琴的声音，我就会安安静静、全神贯注地倾听。就这样，我成了爷爷的"小知音"，爷爷也对我宠爱有加。

可是好景不长，我刚刚过完三岁生日，爷爷就因病去世了。那时的我还不大懂得死是怎么回事，但却似乎知道慈祥的爷爷再也不能给我买吃的，再也不能给我弹琴，再也不能像往日那样疼爱我了。

爷爷死后，一家人的生活仅靠爸爸那点儿微薄的薪金来维持。

尽管妈妈拼命节省，可是巧妇难为无米之炊，我家的日子越来越不好过了。这时，爸爸却染上了酗酒的坏毛病，越穷越喝，越喝越穷。他有时也想改变一下家庭经济的窘困——除了当宫廷乐师外，还兼任家庭音乐教师来贴补家用。可因为他的任性与酗酒，主顾们往往都不敢用他。

我四岁那年的一天，爸爸把我叫到身边，以少有的温和口气对我说："你今年四岁了。莫扎特像你这个年龄时就能弹小步舞曲，五岁开始作曲，才十八岁就已经成为有名的音乐家了。他到处开演奏会，能赚很多很多的钱。"

我怯生生地听着，一动也不敢动。我还不太能理解爸爸对我说这番话的用意。但爸爸的态度很和善，这已经让我很满足了。

从此，爸爸把我关在屋子里，当起了我的老师，每天教我弹钢琴和拉小提琴。可爸爸每天规定的功课多得让我喘不过气来。他脾气暴躁，稍不如意就对我呵责打骂。

看着小朋友们在外面一起玩皮球、捉迷藏，我是多么羡慕啊！我虽然人坐在琴凳上，心却早就跑到外面跟小伙伴们一起玩耍去了。我恨爸爸，也恨面前那架老式钢琴。

有一天，趁爸爸不在家，我央求妈妈说："妈妈，请让我出去玩一会儿吧。就一小会儿，我回来就好好练琴。"

妈妈是最能理解我的。她也不满意爸爸的教育方法，就叮嘱我："去玩一会儿吧，千万别让你爸爸知道了！"

"知道了，妈妈。"我飞也似的跑了出去，就像只出笼的小鸟一样。谁知我刚到街上，就被喝得醉醺醺的爸爸发现了。爸爸大发脾气，揪着我的耳朵把我捉了回来。我吓坏了，无助地望着妈妈。妈妈鼓足了勇气上前劝说："约翰，孩子还小啊，才四岁……"

"你懂什么！我是音乐家。我要怎么做，就得怎么做。"爸爸又固执又蛮横地说。

我被迫又坐到钢琴前，眼泪一滴滴溅落在琴键上……

有时候，邻居们也看不下去，就当面劝爸爸别这样对待我。爸爸却完全不听。

有一次，爸爸半夜喝醉回来，竟然还把我从床上喊起来练琴。

经过这样几年地狱式的训练，我八岁那年，爸爸认为我可以为他赚钱了。他在科隆音乐学校大厅搞了一场钢琴演奏会，标价每人收费一块金币。为了吸引听众，增加票房收入，他故意在广告上把我说成六岁，以达到神童演奏的宣传目的。

1778年3月26日的科隆报纸上，赫然刊登着《六岁儿童音乐演奏会》的消息。所幸这次演奏还算成功,从此,他便带着我四处旅行表演。

这种情况一直延续到上了小学后,我才在学校里有了点儿自由的时间,稍稍摆脱了爸爸的控制。

对于大家来说,童年的日子都是值得留恋的。可是,我的童年却是孤独的,没有伙伴,没有欢乐。我时常偷偷地站在小阁楼的窗前,望着街上的行人,看着小朋友们追逐嬉戏。我多想跟他们一样无拘无束地玩啊,跳啊!

这样的成长环境使我过早地成熟了。我时常坐在莱茵河边,对着缓缓流去的河水,想着、想着……在沉思中忘了一切。慢慢地,这种沉思成了我的一种习惯,让我再也没有了孩子的天真。我开始去音乐中寻求安慰,在音乐的国度里快乐地成长。

**延伸阅读**

## 经常搬家的音乐家

贝多芬是一个做事情我行我素的人。他喜欢在租住的房子里随心所欲地出出进进,弄出很多声响;喜欢在租住的房间里自由自在地演奏，甚至不愿费心把钢琴的腿支上，干脆就坐在地板上弹奏；还喜欢按自己的兴趣改装租住的房子。

有一次，为了空气流通和能够看清窗外的景物，他竟自作主张把住处的窗户砍掉了一块儿。还有，每当他处于创作高潮时，总是把手泡在水盆里，冷却弹琴弹得发热的手，丝毫不理会盆中的水渗透到楼下的房间——我们可以想象房东和其他房客的情绪会怎样！

在房东的呵斥和其他房客的投诉声中，贝多芬不得不一次次选择搬家作为解决方式。但是，他搬家搬得太过频繁，往往还没有到租期结束就要寻找新的住所，签订新的租房契约，以至于有时候他必须同时支付三四处的房租。这无疑使他要花掉更多的钱。这个本来就没有多少积蓄的音乐家也因此变得更加穷困。

# "文盲"的自学之路
## ——斯蒂芬森

工程师、发明家　英国人

出生地：诺森伯兰地区（今纽卡斯尔）的华勒姆村

生活年代：1781年—1848年

主要成就：发明了火车机车

优点提炼：不畏困难，自学成才

　　我叫乔治·斯蒂芬森，出生在一个出产煤炭的小村庄。我爸爸是煤矿上的一名蒸汽机司炉工，妈妈是一名普通的家庭妇女。我们全家有八口人，挤在一间靠近矿井的小屋子里，全靠爸爸微薄的工资度日，日子过得很艰苦。

等我到了上学的年纪，家里却完全没有经济能力供我上学。我的爸妈也不识字，他们俩结婚证上的签名都是画十字代替的。我满八岁时，就只好去帮别人家放牛挣钱贴补家用。

虽然生活很辛苦，但也有很多让我高兴的事。给爸爸送饭就是我最高兴的事情，因为这样我就可以围着蒸汽机观察个够了。每次看到爸爸操纵着蒸汽机工作，我就十分着迷，眼睛一眨不眨地盯着看。虽然每次爸爸工作完都会累得满身大汗，身上也被烟熏得黢黑。但我却觉得这时的爸爸很酷，也很帅气。我憧憬着自己快快长大，有朝一日也能像爸爸一样，整天和蒸汽机为伴。

因为对蒸汽机有着特殊的偏好，平常我喜欢做的事情也跟小伙伴们不太一样。我喜欢用泥土捏成汽缸、活塞、飞轮等模样，然后把它们组装成蒸汽机的样子，放到火上去烧。虽然刚开始烧制出来的蒸汽机并不像那么回事，但是时间久了，我渐渐摸清楚了门路，竟然也做得有模有样了。

看到我这么喜欢蒸汽机，在我十四岁的时候，爸爸便在矿上为我安排了一个见习司炉的岗位。当我得知这一消息时，高兴得都叫出声来了。要知道，这可是我从小就盼望的事情，如今终于成为现实了。

不过，这份工作在大家看来却不值一提。人们认为它很单调，就是每天定时为蒸汽机添加煤块，而且还常常弄得一身煤污。但这是我梦寐以求的工作，我觉得很满足。

在我看来，这台机器就像一块神奇的魔法石，有很多谜团等待我去钻研和解答：为什么给它喂点儿煤就能干活儿呢？它干活儿时为什么总发出轰隆轰隆的声响呢？我有时候甚至想，我以前放牛的时候，牛可以拉车，现在这台蒸汽机能"提水"，是不是也可以拉车呢？如果用它来拉车，速度会不会比牛车快很多呢？看来这台机器有着很多神奇的地方，需要我去挖掘呢！我多想拆开机器一探究竟啊！

当然，我可不敢贸然行动。我只是留心观察机器的外部结构和功能。平时，机器的内部结构一般是看不到的，只有等到机器坏了，需要有人来维修的时候才能拆开来看。那时候，我竟然有个傻傻的念头，盼着蒸汽机出点儿小毛病。哈哈，当然，得是能修好的毛病啦。

后来，我终于"得偿所愿"，蒸汽机真的出问题了。技师们特地过来维修，司炉和操作工人都借机去休息了，而我却一步不离地跟着技师转，主动帮他们打下手。在我看来，这是可以近距离观看蒸汽机内部构造的好机会。有不懂的地方，我也可以借着这个机会提出来，请技师们帮忙解答。

就这样，经过一段时间的钻研和学习，我对蒸汽机的内部构造有了大概的了解，并对拆装蒸汽机也有了一定的把握。

可是我始终都没有亲自维修和拆装过这个"大块头"，于是心里痒痒的，总想着要自己动手尝试一次。终于有一天，我按捺不住内心的渴望，趁大家都下班走了以后，向工头申请加班，说这几天蒸汽机的噪声很大，可能是受内部泥灰的影响，我打算清除一下机器内部的泥灰。工头看我这么积极，想也没想就满口答应了。

我终于迎来了大干一场的机会。等到大家都走了，我把机器上的所有零部件都拆了下来，再把各种零件都归好类，做好标记，并对每个部件的作用和功能都加以分析。当所有的零部件在我心中都有了谱之后，我感到从未有过的畅快。经过这一次拆卸，我对蒸汽机的每一个部件都有了比较深入的了解。接下来就只剩下把它装回去了。但是这项工作可比拆下来麻烦多了，一步走错，可能就全盘皆输啊！幸好我之前给每个零件编了号，加上平时仔细观察累积了一些经验，忙活了半天，我终于把蒸汽机完好如初地装上了。

这次拆装蒸汽机的经验让我又产生了一个新想法：自己设计一台小型的蒸汽机。可是我没上过一天学，不会画设计图，这怎么办呢？为了弥补这个缺陷，我决定去夜校学习知识。

白天，我在煤矿上班；晚上，我就去夜校学习。没上过一天学，就从一年级开始读。我的同学都是七八岁的儿童，我像个庞然大物一样挤在他们中间，显得那么格格不入。因为基础太差，连最简单的单词也会成为我的障碍，所以大家都以为我是很笨的人。

经常有人在教室外面对我指指点点，还不时传来说我是笨蛋的讥笑声。他们讥笑我一个"大学生"，却跟小学生一起读启蒙读物，真是太丢脸了！

我可没有时间去理会这些非议。我已经比别人开始学习的时间晚了很久，落后了很多，唯一能做的就是专注于自己的学习，努力追赶别人。每天上课，我都是第一个到课堂；下课后，我继续在家复习功课、做作业。

经过几年的苦读，我终于摆脱了"文盲"的帽子，并能自学各种科技书籍了。接下来，哈哈，亲爱的蒸汽机，就让我把你造出来吧！

## 延伸阅读

## 在嘲笑中前进

在总结前人的经验和教训后,斯蒂芬森于1814年制造出了他的第一台蒸汽机车"布拉策"号。同年7月,他进行了第一次试车。当时,这辆机车牵引着八节车厢,载重三十吨,行驶起来十分缓慢,而且震动得很厉害。

闻讯前来围观的人纷纷嘲笑这个庞然大物:"还不如马车跑得快呀!""这玩意儿不但拉不动东西,而且声音比打雷还响,

把牛马都吓跑了！"

一些原来赞成实验蒸汽机车的官员也开始动摇了，并暗暗担忧蒸汽机车的研制前景。

面对如潮水般涌来的质疑声，斯蒂芬森并没有气馁，仍然坚持进行研究和改造工作。

1825年，他制造的"旅行1号"机车横空出世了。试车那天，很多人都替他担忧，担心他再次失败。当然，更多的人都在等着看他的笑话。

可这次斯蒂芬森没有让自己的努力白费。他成功了！长长的车厢在铁轨上奔驰着，把马车远远地甩在了后面。虽然也有人对这个轰动欧美的"怪兽"持怀疑的态度，却已经无法阻止它载着人类文明快速地向前飞奔了。

# 伴着苦难长大
## ——舒伯特

奥地利人　作曲家

出生地：维也纳

生活年代：1797年—1828年

主要成就：早期浪漫主义音乐的代表人物，古典主义音乐的最后一位巨匠；短短三十一年的生命中，创作了超过六百首歌曲，十八部歌剧、十部交响曲、十九首弦乐四重奏、二十二首钢琴奏鸣曲、四首小提琴奏鸣曲，以及许多其他作品；代表作品有《魔王》《小夜曲》《摇篮曲》《野玫瑰》等

优点提炼：才华横溢，不向苦难低头

　　我爸爸是一位教师，工资很低，养活一大家子人很困难，所以我家的生活非常清苦。不过，我的童年并不缺少快乐。爸爸多才多艺，懂得一些音乐知识，会演奏一些乐器，在学校里不光教别的课程，还

兼任音乐教师。他常常在业余时间把一些志同道合的音乐爱好者请到家里来举办音乐会，自娱自乐。我从小就受到了音乐的熏陶。

爸爸还在家里组织了一个演奏团，练习各种器乐重奏。父亲拉大提琴，哥哥拉小提琴，而我的任务是演奏中提琴。我的耳朵特别灵敏，每当哥哥或父亲拉错了，我马上就能听出来。我就会毫不客气地提醒他们："你拉错了！"开始的时候，爸爸还感到惊讶，后来也就见怪不怪了。

我九岁那年，爸爸发现他已经不能再教我了。为了不埋没我的音乐才华，他推荐我加入了教堂合唱团，请合唱团的指挥霍尔策先生教我音乐理论和风琴演奏。几个月后，霍尔策先生对爸爸说："舒伯特真是个音乐天才！我接触过许多音乐方面的人才，但没有一个像他这样的。有时候，当我想教给他一点儿新东西的时候，却发现他早就已经知道了。"

两年后，我凭借出色的童声担任了教会合唱团的歌手，兼伴奏小提琴。后来我又考进了教堂的合唱团寄宿学校，在那里免费住宿和学习。

这所寄宿学校给学生提供的生活条件非常糟糕，即使在寒冷的冬天，屋子里也没有火炉。每天两顿饭的伙食也很差，别说营养跟不上，连分量也不足。我每天受冻挨饿，有时候也实在不想坚持下去了，可是又舍不得放下最心爱的音乐。有一次，我给哥哥写信，诉说学校生活的艰苦："哥哥，我最大的愿望就是能吃到一个苹果。因为从午饭

到晚饭，要等八小时的时间。八小时，太漫长啦！"

我的坚持终于有了回报。入校时间不长，我就担任了学校乐队的首席小提琴手，有时乐队指挥缺席，我还能代理指挥。就在那段时间，我更多地接触了海顿、莫扎特、贝多芬等音乐大师的优秀作品，学习了更多音乐创作的知识。我为学校乐队写出了《第一交响曲》，创作了许多歌曲和器乐曲。

但没钱买谱纸常常令我苦恼不堪。有时我想：如果有钱买谱纸，我就可以天天作曲了。但马上我就意识到，自己简直就是在做梦！

在我十六岁的时候，因为变声不能再唱童声，我被迫离开了学校。

为了帮助爸爸分担家庭重担，我来到父亲所在的学校当老师。其实，我很厌烦刻板而枯燥的教书生活，但我却不能辞职。没有工作，我靠什么来养活自己呢？于是，我只好强压住内心的烦躁，为小学生们一遍一遍地耐着性子讲解拼音、文法。

后来，我终于做出决定，毅然辞职，只身来到了维也纳。我身无分文，无依无靠，只好靠做家庭教师维持生计。那段时间，我结交了一群同样热爱艺术的穷朋友。我的朋友之中有位画家，他的画室内有架钢琴，他同意让我使用。但这位朋友本人也要在画室内作画。为了互不干扰，我们约定，朋友不作画的时候挂一面白布窗帘，我才能进去弹琴。结果这位朋友灵感一来，常把约好的事情忘得干干净净，害得我常常在窗外空等。

不过，即使穷困潦倒，我仍旧坚持音乐创作，写出了许多歌曲、交响曲和钢琴奏鸣曲。令我感到无比难过的是，我的这些音乐作品送到出版商那里，换取的稿费却往往连租乐器的钱都不够，更别说交房租了。

有一天晚上，我没钱吃饭，饿着肚子在街上徘徊。走到一家酒店门前，我不由自主地走了进去，在一张桌子前坐下。我看到饭桌上有一张旧报纸，就拿起来翻看。忽然，报纸上的一首小诗吸引了我的眼球："睡吧，睡吧，我亲爱的宝贝儿，妈妈的双手轻轻摇着你……"

看着看着，我的眼前不禁出现了妈妈的样子。在宁静的夜晚，妈妈轻轻地拍着自己的孩子，嘴里哼唱着轻柔的歌曲，银色的月光透过窗子照在母子的身上……这是一幅多么美好的景象呀。

我再也抑制不住自己的创作激情，从口袋里掏出一张纸，拿出一支铅笔，一面哼唱着，一面急速地谱写着。写好后，我就坐在那里，反复吟唱，完全陶醉在优美的音乐声中了。

酒店老板听到歌声，非常喜欢，说："先生，您的这首曲子太优美了，能抄一份送给我吗？"

我答应了，但也提出了一个交换条件。就这样，我用自己新创作的《摇篮曲》换到了一盘土豆烧牛肉。

**延伸阅读**

## 请把我葬在贝多芬的旁边

有一天，舒伯特带着自己的一部音乐作品集，去拜访著名音乐家贝多芬。不巧正赶上贝多芬外出。舒伯特只好留下作品，怅然而回。贝多芬回家后，听到舒伯特这个名字很陌生，也就没有太在意。

后来，贝多芬得了重病。一天，他病势减轻，随手拿起桌上的一本书翻阅消遣。这本书正是舒伯特留下的那部作品集。

贝多芬很快就被书中的作品深深地吸引住了。他看着看着，猛然叫道："这本书里有神圣的闪光！是谁创作的？"

家人告诉他，这就是舒伯特的作品。贝多芬大加赞赏，直后悔自己与舒伯特没有能够见面。舒伯特听说后，立刻再次来到贝多芬家。

这时，贝多芬的病情已经非常严重。他强撑着病体，握着舒伯特的手说了一句："我的灵魂是属于你的！"

没过几天，贝多芬就去世了。舒伯特终日郁闷，十八个月后也跟着去世了。临死的时候，他的遗言是："请把我葬在贝多芬的旁边！"

# 自强不息的幻想家
## ——安徒生

出生地：菲英岛欧登塞城

生活年代：1805年—1875年

主要成就：现代童话之父，主要作品有《小锡兵》《海的女儿》《拇指姑娘》《卖火柴的小女孩》《丑小鸭》《皇帝的新装》等

优点提炼：自强不息，顽强追梦

童话作家、诗人

丹麦人

1805年4月2日，在丹麦海港城市欧登塞的一个穷苦人家里，一个男孩降生了。这个男孩就是我——汉斯·克里斯蒂安·安徒生。据说刚出生的时候，我一个劲儿地哭，嗓门儿还特大。一旁的大人都说：

"小时候哭声大的孩子，长大后肯定能说会道，或歌声优美。"

我的爸爸是个鞋匠，妈妈靠帮别人洗衣服挣钱贴补家用。我和爸爸妈妈生活在一个偏远破旧的小单间里，日子过得十分清苦。但这个小单间却是承载我童年快乐时光的小天地。

爸爸没受过什么正规教育，却是一个勤奋好学的人，对于我的培养也很上心。他在干活儿之余，会从家用中挤出点儿零钱来买书，平时也会给我买一些有趣的图画或工艺品之类的小玩意儿。在我的印象中，当初那间小房子，简直就是一个趣味横生的书屋和画廊，即使墙面很旧，面积很小，但让我幼小的心灵受到了文学艺术的滋养。

爸爸还有双灵巧的手。我小时候如望远镜、玩偶之类的玩具，都是他亲手做的。我的妈妈没什么文化，但是善良勤劳的她总是力所能及地把家里最好的东西留给我，将我们一家的生活打理得井井有条。也许正是爸爸妈妈给我提供了这样一个温暖乐观的环境，让我在心底燃起了大大的梦想之焰。

五岁那年，我被送到附近的学校读书。当时的老师是一位很严厉的老妇人。有一天，我坐在教室里，听着同学们嗡嗡嗡的读书声，有些心不在焉。老师则坐在一把高背椅子上打瞌睡。墙上的钟摆嘀嗒嘀嗒机械地响着。于是，我陷入了沉思。

我曾听到一个奇妙的故事，说是在一条河流的边上，有一个神奇的洞穴，如果一直朝下挖，就会到达另外一个国度，那个国度异常令人心醉。我于是幻想着自己在河边找到了那个洞穴，边走边唱，希望能让城堡中的王子听见。如果碰到城堡中的王子，他一定会送我一艘大船，带我回家……想着想着，我不禁真的唱出了声。

这时，教室里的读书声没了，所有的人都惊讶地看着我。老师从打盹儿中清醒过来，怒目圆睁地朝我奔过来，挥着教鞭朝我身上一顿抽打。这是我第一次挨打。我气愤地跑回家去。妈妈知道了缘由后，将我转到另外一所学校去读书。但是这所学校也没让我的境况好起来，由于我长相不佳，而且穿着破旧，经常受到同学们的嘲笑。寂寞无聊时，我就用父亲给我做的小木偶编写小故事自娱自乐。

小时候，爸爸还常带我去看话剧。每次幕布一拉开，我就全神贯注地观看演出，散场了，还坐在座位上不愿意离开。回到家里，我常拿来家里的围裙、毛巾等作为道具，把自己装扮成中世纪的骑士，口中念念有词，对着镜子认真地表演起来。

有一次，正巧剧团缺少几个群众演员，团长看到我，就让我来顶替。虽然整个表演中我没有一句台词，但对我来说，这已经是一个新奇的体验了。我认认真真地演好每个片段。后来，团长拍拍我的肩膀说："小朋友，干得不错，有机会应该到皇家剧院去深造！"

说者无意，听者有心，团长随口说的这句话深深铭刻在我的心里了。我暗自下决心，一定要去那个梦想之地闯荡一番。

十四岁那年，我说服妈妈，只身一人去了哥本哈根，开始了我的"追梦"生活。在出发之前，我做足了功课，还哀求当地一位绅士写了推荐信。理想很美满，可现实总是令人唏嘘。我到了哥本哈根后，拿着根本不准确的地址，历经千辛万苦终于找到了皇家剧院经理的家。他家仆人看到我蓬头垢面的样子，还以为我是乞丐，要把我轰出去。待我拿出推荐信，反复说明了来意，我才勉强有机会见到经理本人。

我战战兢兢地走进他家客厅，经理正坐在沙发上。我大方地介绍了自己。可他甚至没有正眼瞧我，就说："你长得太瘦了，不适合演戏！"

"尊敬的大人，您都没看过我的表演，怎么就可以断定我不适合演戏呢？"

"你这个样子在台上演戏，会被观众轰下台的！"

"可是，如果您给我机会，我会迅速长胖来符合您的要求……"

可没等我说完，我就被下了逐客令。

看来，进皇家剧院是没有希望了，口袋里的钱也所剩无几，怎么办呢？我想求见一位大名鼎鼎的歌唱家，请他帮忙指条出路，可是一直吃闭门羹。后来，歌唱家的女管家被我感动了，答应放我进去见她的主人。我当时的高兴劲儿简直无法用笔墨形容。见到歌唱家之后，我才看到他家里还有很多宾客在。我定了定神，说明了来意。歌唱家对我说："年轻人，那你给我们表演一段吧！"

我怀着兴奋和激动的心情，挑选了几首诗歌，动情地朗诵起来。

在我朗诵的过程中，全场的宾客像被一股无形的魔力吸引住了。

待朗诵刚一结束,他们马上向我致以热烈的掌声。

歌唱家对我也很赞赏:"这孩子有出息,将来肯定要成为大人物!"

就这样,我获得了一个机会:歌唱家决定让我去他办的音乐学校学习。

到了音乐学校,我又重新树立了信心,每天都刻苦练习。老师也称赞我进步很大。但命运无常,一场大病让我的声带受损,我再也唱不出优美的歌了。最后,我不得不怀着巨大的遗憾离开了音乐学校。

之后,我还做过很多尝试,却都以失败而告终。但我一直没有停止追求艺术的脚步,最后终于在文学领域找到了自己的用武之地,成为一个写童话故事的人。正是这一次次的跌倒，一次次的打击，终于成就了后来的我！

## 延伸阅读

### 安徒生觐见王子

安徒生很小的时候，有机会受邀到皇宫里去觐见王子。他满怀希望地朗诵了剧本，希望自己的努力表现能获得王子的青

睐和奖赏。

表演结束后，王子问他："你有什么需要我帮助的吗？"

安徒生自信地说："我想长大后，能在皇家剧院演出。"

王子仔细打量着眼前的这个小孩儿：大鼻子，一双带着忧郁眼神的大眼睛，看起来似乎还有些笨拙。于是，王子对他说："背诵剧本和表演是两回事儿。我看你还是去学一门能维持生计的手艺吧！"

安徒生回家后，没有去学糊口的手艺，而是背井离乡，选择了到哥本哈根去寻梦。虽然当演员的梦想未能实现，但是经过不懈的努力和奋斗，安徒生最后成了一位受世人喜欢和爱戴的童话作家。

# 橱窗里的童工——狄更斯

**出生地：** 朴次茅斯

英国人　作家

**生活年代：** 1812年—1870年

**主要成就：** 十九世纪英国批判现实主义文学的创始人和伟大的作家，代表作品有《匹克威克外传》《雾都孤儿》《老古玩店》《双城记》《大卫·科波菲尔》等

**优点提炼：** 从容面对生活中的逆境

　　我童年时的家庭条件本来很不错，爸爸是个公务员，收入丰厚。我们全家住在一栋幽雅、舒适的房子里，家里专门有一间爸爸的图书室，里面收藏了许多好书。

　　爸爸受过良好的教育，经常给我讲故事，教我背诗歌。受到爸爸

的影响，我从小喜欢读书，十岁就读了《兰登传》《汤姆·琼斯》《鲁滨孙漂流记》等名著，对文学产生了强烈的爱好。

但是，这种无忧无虑的童年生活很快就结束了。原来，爸爸工作勤奋，热情好客，性格爽朗，却不善理财，宁愿借债也要过绅士般安逸、舒适的生活，结果欠了一屁股债。在我十二岁那年，爸爸因为欠债还不上，被抓到监狱里去了。那时的英国有一种债务人监狱，一个人如果无力还债，就有可能被关进去，直至还清债务。在别人的建议下，我到伦敦的一家鞋油厂当了学徒，赚钱补贴家用。

在那家鞋油厂，我每天工作十二小时，住在一间肮脏的、快要倒塌的老房子里，屋里老鼠满地乱跑，不时还发出"吱吱"的叫声。可对于我来说，最难过的是我再也不能上学了。

我的工作很简单，就是在鞋油罐子上贴标签，再把罐子装进纸盒，使它们看起来漂亮一些。刚开始的时候，老板让我在单独的一间屋子里做工，由一个年龄大点儿的孩子教我。我注视着那个男孩，只见他穿着又破又脏的围裙，戴着纸帽，跟我在贫民窟里看到的流浪汉儿几乎没有两样。那个男孩先把贴标签、装盒的动作示范了一遍，然后让我照着做。不就是贴标签、装盒嘛！有什么难的？我挽起衣袖，很斯文地拿起一张标签，抹上糨糊，小心翼翼地贴在鞋油罐子上。也许是糨糊抹得太多，也许是用力太大，标签贴歪了，糨糊粘满了罐子。我不服气，又贴了几个，还是贴不正。再看那个男孩，标签贴得端端正正，

纸盒也摆放得整整齐齐，既迅速又干净。我竟然不如一个贫民窟里的流浪汉做得好，这对于我来说简直就是奇耻大辱！

几天后，老板让我搬到地下室，和其他男孩一起做工。他们都是一些没上过学、衣着破旧的穷孩子。我从内心里瞧不起他们，也不愿意和他们接近。他们开始还跟我说话，后来见我不愿意搭理他们，就开始仇视我、排挤我。

一天，他们工作休息时又凑在一起聊起了粗俗的话题。我为了证明比他们高雅，故意大声朗诵了一首诗歌，并且还加上了优雅的手势和姿态。我本以为他们听了以后会热烈鼓掌，想不到却招来了麻烦。

其中一个孩子喊道:"喂,你爸爸都关进监狱了,你还摆什么绅士派头?不就是会念几首破诗吗?有什么好显摆的?"

我的肩头微微颤抖,强忍着内心的羞辱和愤恨,一言不发。

那个孩子见我没理他,上前推了我一把,说:"小绅士,怎么不说话?哑巴了吗?"

这时,另外一个叫鲍伯的孩子站了出来,说:"你们有什么资格嘲笑狄更斯?难道他会朗诵诗有什么错吗?"

那个挑事的孩子挖苦道:"鲍伯,难道你这么巴结他,他就会把你当朋友吗?不会的,他瞧不起咱们!"

鲍伯没理他,拉着我到了旁边的一间屋子里。我说:"谢谢你,鲍伯。"

鲍伯说:"你不要介意,其实大家都很欣赏你的。你有知识、有文化,不像我们傻里傻气的,大字不识一个。"

我羞愧地说:"我知道我错了,以后,我会和大家真心交朋友的。"

从那以后,我开始有意识地改变自己,果然跟他们的关系融洽了一些。鲍伯还不厌其烦地教我如何贴标签,如何装盒,如何摆盒。我很快就学会了,并且成了技术最熟练的一个。

后来,老板把我做工的地方又从地下室移到了橱窗里,为过往的行人表演贴标签,目的只是招揽生意。我坐在橱窗里,感到自己就像是一个任人观赏的动物,甭提有多屈辱了。可是有什么办法呢?每天,

橱窗前都会挤满了人,一边将鼻子贴在橱窗玻璃上往里瞧,一边吵嚷着:

"你们瞧,他干得多快!"

"不错,这小子有两下子!"

"哇!他浑身沾满鞋油,简直变成靴筒啦!"

我坐在橱窗里,两只手灵巧而又机械地运动着,用蓝色的纸把鞋油罐封上,用绳子系好,再贴上封签。这一连串的动作都在一瞬间一气呵成,迅速极了。我低着头,只顾干活儿,根本不看任何人,心里却充满了委屈。

这样的日子过了两年,直到爸爸从监狱里放出来才结束。当他得知我在鞋油厂的悲惨遭遇后,感到十分震惊。不久,家里的经济状况稍微有所改善,我终于告别了那段暗无天日的时光,重新回到了学校,从此我更加发奋学习。

**延伸阅读**

## 替朋友还赌债

狄更斯的朋友詹姆堂森赌钱欠了五千英镑,债主查利德限他一个星期内还清。詹姆堂森十分为难，只好向狄更斯求助。狄更斯满口答应替朋友还债。

詹姆堂森带着查利德来到狄更斯的住处，只见屋里只有一张床和一张堆满稿纸的桌子。查利德怀疑地问："詹姆堂森欠我的钱，你能替他还吗？"

狄更斯回答道："可以。"

查利德不屑一顾地说："就凭你这些废纸，能还清这笔巨债吗？"

狄更斯说："当然不是凭这些，而是凭我的左手。"

狄更斯虽然当时已经是闻名欧洲的大文豪，但他不喜欢在交际场合抛头露面，所以认识他的人很少。不过，很多人却知道他是用左手进行写作的。

查利德一听他用左手写作，大吃一惊："难道您就是狄更斯先生吗？"

狄更斯点了一下头："你猜对了。"

查利德握住狄更斯的手兴奋地说："能认识您，价值绝不止五千英镑。詹姆堂森的债就算抵消了。"

# "混世小魔王"成长记
## ——贝尔

出生地：苏格兰爱丁堡

生活年代：1847年—1922年

主要成就：发明电话，被誉为"电话之父"；改造助听器，改进留声机，对聋哑语的发明贡献甚大

优点提炼：调皮但好学，善于改正错误，爱思考

美国人

发明家、企业家

我是贝尔。小时候在大人眼中，我就是个"混世小魔王"，调皮、淘气、爱搞恶作剧，可没少让父母头疼。

我十分喜爱养麻雀、老鼠之类的小动物。在我看来，小动物的叫声是世界上最美妙、最动听的声音。我对它们如此地热爱，以至于一

刻都不想跟它们分离，连上学时也会带着它们一起去。我的书包里，除了书本就是昆虫、小老鼠等小动物。

有一次，我带着一只小老鼠去上学。老师正在讲《圣经》里的故事。小老鼠耐不住寂寞，从书包里钻了出来。这可把身边的女同学吓坏了，她哇哇大叫起来。而男同学们呢，看到老鼠都十分激动，到处追着那只逃窜的老鼠。当然，课是肯定上不下去了。老师为此十分生气，我也因此受到了老师的处罚。

可是我的好动和调皮却并没有因为老师的处罚有所收敛。"老鼠事件"之后，我又带了小鸟、小狗来学校。我总是没完没了地变换着书包里的动物种类，根本不把老师的处罚当回事。这样的做法，当然对提高学习成绩完全没有正面作用，我的成绩自然是越来越差了。父母也经常被老师请去"喝茶"，但都没有效果。后来，父母只好把我送到了爷爷那里。

爷爷是位教育专家，他对我的教育可谓是耐心十足。他经常不动声色地对我进行正确的诱导和启发，只要发现我有一点儿进步就大力表扬，而对我的不足则及时加以引导。

有一天，爷爷召集了许多小孩子一起到森林里去玩。走进大自然，大家都非常高兴，四处追逐嬉戏。

"孩子们，你们知道森林里有哪些动物吗？"爷爷突然问道。

"有狼。"

"有兔子。"

"有狐狸。"

小伙伴们争先恐后地回答着。

"可是这些动物的单词都是怎么拼写的呢？"爷爷继续笑眯眯地问。

"狼是 W—O—L—F！"

"兔子是 R—A—B—B—I—T！"

"狐狸是 F—O—X！"

看着小伙伴们都争先恐后地回答着小动物的名字和拼写单词，唯独我，什么单词也拼写不出来。亏我还那么喜欢小动物，却连它们的名字都拼写不出来，这算哪门子的喜欢啊？我懊悔万分，直怪自己平常没有好好学习，才完全融入不了大家的游戏之中。

回到家中，我仍然有些失落。看到我闷闷不乐的样子，爷爷耐心地开导我："孩子，你和大家一起上学读书，别人都能拼写出单词来，你为什么拼写不出来呢？"

我低着头，羞愧得一言不发，当时真恨不得有条地缝让我钻进去。不过，爷爷马上拿出课本来，说："乖孩子，不要着急。只要我们从现在开始，一天学习一点儿知识，日积月累，就会学到很多知识。爷爷会一直陪着你，把你培养成一个知识渊博的好孩子，好吗？"

我点了点头，马上接过课本，跟着爷爷一起读课本上的单词。后来，

我不仅学会了课本上的单词，还学会了一些课本外的新单词。看到我的进步，爷爷马上又表扬了我一番："我的小孙子一点儿也不比别人笨。只要好好学习，就不会像那天那样什么也答不出来了。"

在爷爷的启发和教育下，我渐渐有了变化，开始能够集中注意力勤奋学习了。于是，我又回到了父母身边。

我家附近的一个村庄里有一座磨坊。有一次，我经过那里，看到一位老人拖着孱弱的身体正吃力地推动水石磨，给稻谷去壳……

后来我才知道，这座磨坊是他和他儿子一起经营的。本来像稻谷去壳、玉米压粉、麦子碾成面粉之类粗重的工作，都是由他儿子做的。

但后来他儿子应征入伍，就只留下可怜的老爷爷独自推磨干活儿了。水多的时候，推动水石磨还比较省事；可遇到水少的时候，老人根本就没力气磨粉，于是也就只能饿肚子了。

我觉得老人家很可怜，就约了一些小伙伴一起去帮忙。刚开始的时候，大家还觉得很好玩儿，也肯用力一起帮忙推磨。可是后来大家慢慢地厌倦了，便不再去帮忙，结果只剩下我一个人了。当然凭我一个人的力气，是推不动水石磨的。

"要是有办法能轻松地推动石磨就好了！"回到家里，我每天都这么琢磨。经过一个月的思考，我终于想出了一个好办法：首先，改良石磨上的臼齿，以减少摩擦力，再利用麦粒的圆形，使麦粒和臼齿挨着，这样，臼齿的转动就灵活多了，石磨也就能轻松推动了。

慢慢地，村里的人知道磨坊主人的水石磨被改良后，也开始争相仿制。大家都觉得改良过的这种石磨，既便利又好用。

也正是从这个时候起，我看到了发明创造的意义，并立志以后要发明更多的东西，为大家的生活带来方便！

延伸阅读

## 贝尔家族与聋哑人的渊源

贝尔的爷爷是聋哑学校的校长。他的爸爸专注于研究发声原理,教耳聋的人如何运用声音。贝尔在耳濡目染之下,学会了聋哑语,并在移居加拿大后,致力于教会耳聋者说话。这一行为引起了一位富商的注意。

这位富商正好有一位耳聋的女儿,叫梅布尔。富商邀请贝尔教梅布尔学说话,贝尔同意了。就这样,在教学的过程中,两个年轻人相爱了。之后,梅布尔就嫁给了贝尔,过着甜蜜的生活。

# 被命运推上舞台——卓别林

出生地：伦敦

演员、导演、编剧

英国人

生活年代：1889年—1977年

主要成就：奥斯卡金像奖终身成就奖，大不列颠帝国勋章佩戴者，AFI百年最伟大的男演员第十名；主要作品有《淘金记》《马戏团》《城市之光》《摩登时代》《大独裁者》等

优点提炼：有表演天赋，有责任心

身穿黑色窄身礼服、特大号裤子，脚上套一双尖头皮鞋，头戴圆顶礼帽，手持拐杖，煞白的脸上留着一小撮胡子，不时露出滑稽的表情或做出奇怪的动作——这是我最深入人心的流浪汉扮相。

经过我的一番描述，相信大家已经知道我是谁了。没错，我就是后来被人们称为滑稽大师的查理·卓别林。

1889年4月16日，我在伦敦沃尔沃斯区出生。爸爸妈妈都是当地小有名气的喜剧演员。我还有个同母异父的哥哥，我们一家人快乐地生活在一起。妈妈是个浪漫且小资的人。她经常把我和哥哥打扮得整整齐齐，然后拎着小包儿打着花伞，沿着街区散步游玩。现在我的脑海中还不时浮现出当年的情景：我们一起乘坐游艇漫游在泰晤士河上，暖暖的阳光洒在身上，欢歌笑语，其乐融融；穿过威斯敏斯特桥到水晶宫游乐场去看杂耍，各类节目应接不暇；去坎特伯雷杂剧场看表演，拍得小手掌都痛了，最后恋恋不舍地回家……那是我一生中最快乐幸福的日子。

但是不久后，我们家出现了大危机——爸爸酗酒成性，后来干脆离家出走，之前那种无忧无虑的日子一去不复返了。妈妈只好带着我和哥哥努力赚钱生活。那时正赶上经济萧条，妈妈的身体每况愈下，在剧团的地位也大不如前，经常还要被派到很远的郊外去演出。

有一天，妈妈要去一个离伦敦三十多公里的地方演出。那是一个军事基地，观看演出的都是士兵。因为无人看管孩子，妈妈把我也带到了基地。当她演出的时候，我就躲在舞台一旁观看。在我心中，妈妈是至高无上的大明星，站在台上，没有什么能遮挡住她的光芒。

妈妈总是会在登台前做足功课，那天也没有例外。报完幕后，妈妈就要上场了。她大方地走上台，清了清喉咙，却发现自己好像变了个人似的，嗓子根本发不出声音来。很快，台下一片混乱，不时有人扔东西到台上来，各种嘲笑声和口哨声此起彼伏。后台的其他人也急得团团转。

这时，剧团的团长看到站在一旁惊呆了的我，想起我之前在他面前表演过节目，急中生智想出了一个法子。

只见团长走上台去，客气地和大家说："亲爱的官兵们，刚刚是和大家开的一个小小的玩笑。现在演出正式开始，下面请欣赏童星独唱《杰克·琼斯》。"在大家的关注下，我登上了耀眼的舞台，看着台下一张张迷蒙的陌生的面孔，我像往常一样高声唱了起来："一谈起杰克·琼斯，哪一个不知道？你不是见过吗？他常常在市场上跑……"

我刚唱了几句，台下就安静下来了。随着我的节拍，不时有钱币扔上来。这时我想，平时妈妈上台表演真辛苦，现在她生了病不能赚钱，我要替她赚钱。于是，我停下表演对台下的观众说："各位请稍等，我要捡完钱再唱歌！"顿时，台下爆发了阵阵笑声，陆陆续续的又有人扔钱币上来了！

唱完这首，我一发而不可收，模仿着妈妈平时的样子边唱边跳，偶尔还装成大人的声音唱着流行歌曲。那一场，我的表演深得士兵们的喜爱，欢笑声中钱币如雨点般飞上台来。第一次机缘巧合登上舞台，就大获成功，那次的经历让我终生难忘。

我的舞台生涯刚刚拉开大幕，也就意味着妈妈的谢幕，她再也不能登台表演赚钱了。我们的日子过得越来越紧巴。妈妈整天愁容满面，郁郁寡欢。

在我十岁那年，爸爸因为酗酒患上水肿去世了，妈妈也因经受不住沉重打击住进了疯人院，我几乎成了一个流浪儿。那段时间，为了生计，我当过报童、杂货店小伙计、用人，还在游艺场扫过地……但是每逢休息日，我都会换上干净整齐的衣服，擦亮旧皮鞋，去布莱克默演员介绍所等待演出的机会。

有一次，职介所里的人都走光了，只有我一个人呆坐在那儿。一个职员见我还在苦等，就对我说："小孩儿，快回去吧！再不回去，你爸爸妈妈会因为找不到你而着急的！"

"我想要找份工作赚钱！"我羞怯地回答。因为我已经来这里很长一段时间了，从来都没有人过问我。

"你还这么小，能干什么？"

"我可以扮演孩子呀！"

"那你能告诉我，你为什么要赚钱呢？"

"因为我妈妈病了……"说着，我的眼里已经泛起了泪光。

见我一脸的委屈，那位职员对我说："跟我来，先来登记一下吧！"于是我就跟在他后面，进行第一次正式登记。

过了一段时间后，我收到了一封信。信上说，一个电影导演看过我的表演，决定让我出演电影《福尔摩斯》中的小用人，并且还有不

菲的工资。我几乎忘记自己是如何恍恍惚惚度过那天的剩余时间的。那是我人生的一个转折点,我成功地抓住了这个机遇,从此,在命运的道路上做了自己的主人。

**延伸阅读**

## 智斗强盗

一天晚上,卓别林开车经过一条僻静的小路时,被一个强盗拦下。强盗用枪逼他下车，并让他交出身上的所有钱财。卓别林身材矮小，哪是强盗的对手，只得乖乖下车。卓别林灵机一动，就对那强盗说："钱嘛，是可以商量的！不过，要请你帮个小忙，在我的帽子上打两枪，我回去好有个交代。"强盗一听有道理，伸手便摘下卓别林的帽子，朝帽子上开了两枪。卓别林又说："麻烦你在我的衣服上再打两个洞吧！"强盗也照办了。但是，强盗只开了一枪就再未听到枪响。卓别林知道强盗的子弹已经打光了，急忙上车飞驰而去。等到强盗醒悟过来，卓别林早已走远了。

# 做有主见的人
## ——撒切尔夫人

英国首相　英国人

出生地：英格兰肯特郡格兰瑟姆

生活年代：1925年—2013年

主要成就：英国保守党第一位女领袖，英国历史上第一位女首相，蝉联三届，任期长达十一年之久，政界著名的"铁娘子"；著有回忆录《唐宁街岁月》，曾荣获英国最高勋章——"嘉德骑士"勋章

优点提炼：个性独立，有主见

　　1925年10月13日，我出生在英格兰中部闭塞的格兰瑟姆镇上。这是一个可爱的地方，我热爱这片生我养我的土地。在我之前，家里还有个姐姐。我降生后，爸爸给我取名玛格丽特·希尔达·罗伯茨。

我们家族连续四代都是鞋匠。我爸爸原本也想有所突破，多读一些书，然后去做一名教师。但在他十三岁那年，就因为家庭贫困被迫辍学了。后来他挣到了人生第一桶金，在镇上开了家杂货店。于是，我们一家就以杂货店为依托，开始了"楼下开店，楼上安家"式的生活。

童年的记忆是一种田园牧歌似的朦胧感觉：阳光穿过菩提树叶子，斑驳的余晖照进我家的客厅。妈妈或者店里干活儿的人在我的身边来来往往，不时地过来抱抱我，或者给我一块糖果逗我开心。而我也很乖巧，很听话，给家里人带来很多欢乐。

我的爸爸独立正直，看问题很有主见。他这种宝贵品质对我性格的形成也有着潜移默化的影响。从小到大，他一直教我认准一点："永远不要只因为别人这么做，你也跟着这么做。"他认为随波逐流只会使个性的光辉湮没在碌碌无为之中。在他的教导下，我变得很有主见。

为了教会我独立自主，爸爸煞费苦心。虽然我们家里的条件还算过得去，但是由于爸爸的严格要求，我手上一直没有多少零花钱。

有一阵子，我迷上了电影和戏剧，连续几个周末都泡在电影院或剧院里，而且每次都是呼朋引伴，在一起玩得不亦乐乎。有一天，我又想去看电影，可惜囊中羞涩，只好厚着脸皮去向爸爸"借"钱。爸爸了解到我"借"钱的用途后，严厉地拒绝了我。他说："家里的钱都是通过开店给别人供应食品换来的。你要想从我这里拿到钱，也必须为店里贡献点儿什么……"

"等我长大了，就可以做很大的贡献了！"

"宝贝儿，你给我听好，良好的劳动习惯不是长大以后才形成的。我不希望再听到'我干不了''我长大以后'之类的话。"

"我可以扫地，我可以整理货架，我可以给邻居家送鸡蛋和牛奶……"我噼里啪啦说了一大堆，希望能博得爸爸的认可。

"嗯，很棒！那你准备从什么时候开始呢？"爸爸问。

"我可以从下周开始。"

"既然你都决定了，那为什么不能从今天就开始呢？"

听了爸爸的话，我就开始忙碌起来，按照我所说的一样不落地干起活儿来。经历了这次"借"钱事件，我也慢慢习惯了帮家里做点儿零碎的小事情：我会把糖果、茶叶、饼干之类的东西过磅后，整理成一袋袋的小包装；也会帮妈妈做些力所能及的家务，学习正确熨烫衬衫和洗涤衣服的方法。

十岁那年，我就能够像模像样地独自站柜台了，而且从来没出现过什么大的差错。大人们都夸我"有两把刷子"。

入学之后，我的生活更为自由和丰富多彩了。但是我惊奇地发现，同学们的天地远比我宽广。他们经常和朋友们或家人一起去爬山、上街游玩，也经常一起做游戏或者骑自行车去很远的郊外。到了春天，还能全家人一起去山坡上或者草地上野餐……这一切都深深地吸引着我。

终于有一天，我鼓足了勇气，向威严的爸爸请求："爸爸，同学们都去野餐了。我也想去。"爸爸听了之后，脸色一沉："孩子，我不是想限制你的自由，但是你必须得有自己的主见。"

"为什么那么多同学都可以去，而我却只能待在家里？"

"我能理解你的心情。但你有没有仔细想过，现在是你学习知识和增强本领的大好时光。如果你在最好的时光里沉迷于玩乐，对于你的未来未必是件好事。千万别等到一事无成后才知道懊悔！"

听了爸爸的话，我顿时脸上一阵红一阵白，觉得他说得非常有道理，心里开始琢磨：是啊，我为什么要学别人呢？我刚买回来的书还没有看呢！我还有很多喜欢的事情没有做呢！于是，我知道了什么事更重

要，哪些是自己该干的，也学会了接受特立独行的自己。这时养成的个性品质，甚至在我走上从政道路后，面对大多是男人统治世界的全新挑战，也能自如地应对。

爸爸除了教会我形成独立、有主见的性格，对我的学习和业余生活也是严格要求的。他每天都会认真地检查我的作业，督促我学习和进步。受他的影响，我很早就开始接触时政，我们经常一起阅读《每日电讯报》《泰晤士报》等。他还特意给我订阅了《儿童报》《画报》，这也是为什么我们家的消息总比其他家庭更灵通的原因吧！

经过生活的历练，我从一个默默无闻、名不见经传的偏僻小城的中学生，变成了一位立志投身政治的幼苗，并在历史的风风雨雨中茁壮成长，成了后来人们称道的"铁娘子"。

**延伸阅读**

## "铁娘子"绰号的由来

撒切尔夫人是英国历史上第一位女首相，她意志刚强，作风果断，被新闻界称作政坛"铁娘子"。那么，这个绰号是怎么得来的呢？

1976年，苏联一家报社的记者准备撰写一篇文章，文中需将撒切尔夫人和德国的铁血宰相俾斯麦相提并论。作为苏联的一个强劲的对手，撒切尔夫人的硬朗作风令人印象深刻。于是，这位记者就在由"首相"一词换成的"娘子"这个词的前面，又加上了一个很男性化的形容词——"铁"字。

　　这个绰号当即被很多人认可，后来就迅速地流传开来。撒切尔夫人在被贴上"铁娘子"这个标签后，更赢得了众多英国人的爱戴。在1979年、1983年和1987年的三次英国大选中，这个绰号还帮助她大获全胜呢。

一个字——铁！

# 青瓦台里的成长经历
## ——朴槿惠

- 出生地：大邱
- 生活年代：1952年至今
- 主要成就：韩国第一位女总统，曾任新国家党党代表、国会议员
- 优点提炼：严格要求自己，独立自强

韩国人

韩国总统、女政治家

1952年2月，我出生于韩国大邱，父亲是韩国连任了五届总统的朴正熙。我的名字据说是爸爸、妈妈和阿姨三个人一起翻词典，费了一番功夫之后才确定下来的。爸爸认为"槿"不仅代表韩国国花"无穷花"，也代表"国家"之意；"惠"象征"恩惠"。于是，就给我

取名叫作朴槿惠啦。

每个人都无法选择自己的出身。我诞生于这样一个家庭，对我的成长和性格的塑造具有很大的影响。父母的出众，意味着我将面临更艰难崎岖的人生道路。我虽然是个"官二代"，但我从小并未真正享受过什么特权。

在我十一岁时，爸爸当上总统，我们全家搬进了青瓦台。大家一定会认为我从此便过上了公主一般的生活，每天都有大批服侍人员围着我转吧？其实不然，印象最深的就是妈妈不厌其烦地耳提面命："不可以向别人炫耀你所拥有的东西。"

当时我和妹妹就读于奖忠小学，离青瓦台很远。如果走读的话，需要开车接送。那时汽车还不那么普及。妈妈认为用专车接送小孩儿上学会招人说闲话，并且会让我们产生一种优越感，她不想我们从小就伴随着特权意识长大。于是我和妹妹像平常人家的小孩儿一样走路上学。

记得有一天，出门时大雨倾盆，我撑伞踏出家门，可没想到刚出门，雨伞就被大风吹翻了。于是我跑回去，希望博得妈妈的同情，但妈妈只是重新给我拿了一把塑料伞。站在一旁的事务官见状，也向妈妈求情："今天风雨这么大，就让槿惠坐车上学去吧？"

"槿惠，你可以自己去吧？"妈妈的眼神中带着坚定，对我问道。

"我自己可以去！"我大声地回答，于是再一次大踏步地出门了。

不出所料，我走在路上的时候，伞又被吹翻了，衣服也被淋湿了。

但是看着雨水溅起高高水花的样子，我却觉得很开心。走到学校附近的时候，我看见很多同学也和我一样穿着雨靴，撑着雨伞，大家聚在一起踩着水花。到了教室，大家纷纷拍掉身上的水珠，手忙脚乱地拧干衣服，热闹极了。

后来我想，要是当时妈妈同意派车送我上学，我也许可以比其他同学更舒服地来到学校，但我也就无法体会到与同学们打成一片的乐趣了。而恰恰是这些点滴之处，才拼贴出我童年和少年时期珍贵的回忆。

父母对我和弟弟、妹妹要求非常严格，还表现在很少送我们玩具。

弟弟那时唯一的玩具就是一个足球。有一次，一个亲戚从美国回来，买了一只上足发条就会自动走路的小狗玩具送给我们。我们三个人好奇地聚在一起拿着它玩了一整天。妈妈看着我们却忧心忡忡。秘书好心地劝说："何必为小朋友玩一下玩具而担心呢？"但妈妈却认为："拥有别人没有的贵重东西，对孩子的教育并无益处。孩子们能在这片宽敞的院子里尽情玩耍就已经足够了。"

不仅仅是玩具，别人送的贵重文具，妈妈也不轻易让我们使用。有一天，妹妹发现一个漂亮的彩色袋子，心想着明天上学时可以拿来当鞋袋用。妈妈知道后，坚持要她换回平常用的鞋袋。

"你现在用的那个已经很好了，有必要用其他同学没有的东西吗？"

妈妈这样做是想让我们明白，有的同学甚至连普通的鞋袋都买不起，如果我们要用特别的东西的话，势必会引人妒忌。同时她也教育我们懂得知足，经常叮嘱我们："就算你爸爸是总统，我们也不会有任何改变。总有一天我们还是得回到以前的家，不能因为现在住在青瓦台就有优越感。别忘了，这里只是我们暂时借住的地方。"

即使没有很多玩具，我们姐弟也玩得很开心。弟弟经常用玩具气枪、射箭、摔跤来逗大家发笑。到了晚上，他会乖乖地待在我旁边，在素描本上画画。我们三个还常常比赛谁画得好，并邀请爸爸当评审。

有一次，我们约定一起画亲爱的爸爸，完成后，便一同去爸爸那儿要他客观公正地评判。

"阿爸，阿爸，是不是我画的最棒呀？"弟弟抢先问。

爸爸接过我们的画，一一看过之后，笑着对弟弟说："哈哈，你只是把我的脸画得最大。再看看这歪歪斜斜的眼睛、鼻子、嘴巴，你不愧是画得最有个性的。"

全家人传阅了弟弟的"作品"后，都乐得直不起腰来。

虽然爸爸很少送玩具给我，却经常为我买书。有一次，他送给我一套《三国志》。拿到这个礼物的时候，我高兴地蹦了起来，以后每天更是看得爱不释手。其中的故事我都读过很多遍，对赵子龙的印象尤其深刻。以致稍微长大一点儿后，我还经常回想：我的初恋是不是就是赵子龙呢？要不然每次看到舞台上他一登场，我的心怎么总是跳得那么厉害呢？

后来，我的家庭经历了毁灭性的重创，我独自熬过了一段艰难的坎坷岁月，也饱尝了人间冷暖。伴随着童年的许多回忆，我对社会的理解，对人生的解读，又达到了一个新的高度。

**延伸阅读**

## 韩国的撒切尔

2012年，朴槿惠宣布参加12月份举行的韩国总统大选。由于她誓言要打破韩国政坛的男人统治地位，人称她为"韩国的撒切尔"。她在竞选过程中承诺推动"经济民主化"，增加社会福利，改善南北关系。由于她是已故韩国前总统朴正熙之女，因而也被政敌讥讽为"独裁者的女儿"和"政治遗产的继承者"。

朴槿惠性格坚定冷静，至今未婚，也没有孩子，因此有人喊她"冰公主"或者"三无女人"。她对这个称谓并不在意，甚至高调宣称："我没有父母，没有丈夫，没有子女。国家是我唯一希望服务的对象！"

三无又如何？

2012年12月19日，朴槿惠成功当选，入主青瓦台。她不仅是韩国历史上首位女总统，更是近代以来东北亚地区首位女性国家元首。

# 独立自信的"富二代"
## ——彼得·巴菲特

音乐家、作曲家、慈善家和作家

美国人

出生地：内布拉斯加州的奥马哈市

生活年代：1958年至今

主要成就：参与创作的《500部落》获得美国电视节最高荣誉"艾美奖"；为好莱坞电影《与狼共舞》配乐，夺得奥斯卡奖；出版畅销书《做你自己》

优点提炼：执着追求，为梦想不断努力

大家好！我是彼得·巴菲特，是一个音乐家。我的名字大家也许并不熟悉，但对于我的爸爸——"股神"沃伦·巴菲特，很多人应该不会感到陌生。没错，我就是沃伦·巴菲特的儿子，也就是大家眼中标准的"富二代"。但是，我的生活并不是别人想象中的那样。

我生于二十世纪五十年代末，家中有一个哥哥和一个姐姐。我的童年是在美国中西部小镇奥马哈度过的。从小，爸爸就对我们非常严格，让我们过"贫穷的有钱人"的生活。我甚至觉得自己家和周围邻居没有什么区别。

当时我们全家住在一座没有围墙的老房子里，那是父亲1958年花三万美元买下的。虽然只是一座很普通的独栋小屋，却给我的童年带来了极大的乐趣。我家厨房的后门是开放式的，从这里出去就可以到达别人家。于是我经常从后门溜出去玩。记得只要穿过两个街区，便可以到达外婆家，她独门秘制的糖果冰激凌我百吃不厌。小时候的我可是一个小"吃货"呢！

自有记忆起，我就觉得爸爸是这个世界上最忙碌的男人。爸爸每天早上八点准时出门上班，晚上无论多晚都会回到家里。回家后，他待得最多的地方是书房，总是全神贯注研究大量深奥的书籍。看书、写东西或者蹙着眉头思考，他的每一个动作至今都刻在我的脑海里。小小年纪的我完全不知道爸爸是干什么的，但是爸爸对工作专注的态度和享受工作乐趣的过程，让我对他产生了一种神圣的崇敬之情。

爸爸在培养孩子方面也有很多独到之处。从小，他就给我们灌输了一种思想——钱要靠自己挣。

有一次，我向爸爸要零花钱。爸爸严肃地对我说："彼得，天下没有免费的午餐。我的钱都是干活儿挣来的。如果你想从我这里拿走五美分，你能为我做点儿什么呢？"

我有些不解："可是，别人家的孩子不用干活儿就会有零花钱啊。"

爸爸摇摇头说："咱们家跟别人家不一样，因为你的爸爸是沃伦·巴菲特。"

我知道再多说也没用，只好说："那好吧。我去给您倒一杯咖啡，可以吗？"

爸爸笑着点头："为什么不呢？"

我兴奋地跑到厨房，装得像侍应生一样，很"专业"地给爸爸端上一杯咖啡。爸爸也按照他的约定，付给了我五美分。

从那之后，为了多挣点儿零用钱，我总是抢着干活儿：洗碗、扫地、擦窗户、给花草施肥浇水。爸爸也会兑现自己的诺言，给予我相应的回报。

后来，家里慢慢发生了一些变化，爸爸的名气越来越大，成为全球人的关注对象。但是他还是和往常一样，照旧上班下班，看书思考。他对我们也还是一如既往的"抠门儿"，不多给我们一分钱。

不过，爸爸对我们的兴趣爱好却一点儿都不加干涉，总是鼓励我们遵从自己真实的意愿，让我们自由生长。他甚至说："我希望你能有自己的生活，而不是因为你是巴菲特的儿子，就一定要成为大家所期待的那样。"

爸爸说得很对，我就决定独立走出自己的路。我从小就喜欢音乐。

我五岁那年，甲壳虫乐队在电视节目中亮相，我们全家观看之后，都被他们的表演深深地吸引了，其中以我为最甚。我用家里的便携式唱片机把甲壳虫乐队的专辑听了上百小时。从那时起，我觉得音乐就是世界上最美妙的东西。

　　出于对音乐的热爱，我从六岁开始学习钢琴。一开始，我的演奏水平实在不怎么样，不过，就算是表现得很笨拙，爸爸也从来不会因此责备我。

　　有一次，忘记是什么原因，我有些小郁闷，坐在钢琴前有意无意地敲打着琴键。

"亲爱的彼得，为什么不给大家弹奏一曲呢？"妈妈提议。

"没问题。可是，我不知道弹什么。"

"来一首《洋基队歌》吧，让这首欢快的曲子给你提提神。"爸爸微笑着说。我还没有答应，大家已经开始鼓掌欢迎了。

我在钢琴凳上如坐针毡，本来就郁闷的心情变得更加严重了，但还是勉强地移动着手指。

一曲结束，大家一个个神色诧异，不知道我为什么会把这首欢快的曲子演奏得像哀乐一样。我心里想：今天的表现糟透了。一定会挨爸爸的批评吧？

但是没想到，爸爸却为我鼓起掌来："很不错。彼得，这是我听过的最别致的《洋基队歌》。你把自己的情绪都融入到了乐曲中，这可是需要有非凡的音乐天分才行哦！"

"真的吗？"我马上抬起头问。爸爸的话给我注入了很大的信心。我马上觉得自己就像一个成熟的演奏家，给大家带来了一件自己的作品，一件跟别人完全不一样的作品。难道，这就是我的价值？

从那以后，音乐家的梦想在我心中生根发芽了，我决定要全力以赴去实现它。后来，我甚至愿意为了音乐的梦想放弃学业。爸爸听到这个消息后，并不感到惊讶，反倒是我有些过意不去了。

我问爸爸："如果我辍学了，您是不是觉得脸上无光？"

爸爸轻松一笑："这样的事情我早就预料到了。你的哥哥、姐姐不也是这样做的吗？别人顶多说你是步了他们的后尘而已。"

"可是，您建立了庞大的商业帝国，我却没能替您分担压力。"我仍旧心怀愧疚。

爸爸又说："彼得，咱们做的其实是同一件事情，都是在追逐自己的梦想。你以音乐为画布，而我的画布就是我的公司。不管在哪里画，画的是什么，这些都不重要。最重要的是你每天是否快乐，是否觉得有价值。"

爸爸的话给了我无穷的力量，让我更加坚定了自己要走的路。瞧，我就是在这样一个崇尚宽容与尊重的家庭中长大的。靠着自己努力打拼，我终于成了一个独立自信的人。

**延伸阅读**

## "富爸爸"和"穷儿子"

"富爸爸"指的是名列《时代》杂志全球一百个最具影响力人物、富可敌国的"股神"沃伦·巴菲特；"穷儿子"指的是音乐家彼得·巴菲特，为了工作和房贷四处奔波，和其他普通的年轻人一样自食其力。

从离开大学校园开始，彼得·巴菲特就不能再用父亲的钱了。他想换房子，于是第一次向父亲开口借钱，却被拒绝了，理由是"你应该和其他美国人一样去贷款买房，然后凭自己的能力将贷款还上"。这也是他最后一次向父亲借钱。

作为音乐人，他想巡回演出，最大的问题就是筹款。当他找到很多机构和个人筹款时，那些人总会说："为什么你还要筹钱？你跟你爸要，不就全有了？"